Zugänge zur Philosophie

Einführungsphase

Erarbeitet von

Lothar Aßmann
Reiner Bergmann
Dr. Roland W. Henke
Matthias Schulze
Dr. Eva-Maria Sewing

Zugänge zur Philosophie

Einführungsphase

ab Klasse 10

Autoren-Team:

Lothar Aßmann:	unterrichtet Philosophie und Mathematik am Kopernikus-Gymnasium, Niederkassel
Reiner Bergmann:	unterrichtet Philosophie, Deutsch und Latein an der Gesamtschule Hennef/Sieg
Dr. Roland W. Henke:	unterrichtet Philosophie am Clara-Schumann-Gymnasium Bonn und ist Hauptseminarleiter sowie Fachleiter für Philosophie am Studienseminar Bonn
Matthias Schulze:	unterrichtet Philosophie und Mathematik an der Gesamtschule Bonn-Beuel und ist Fachleiter für Philosophie am Studienseminar Bonn
Dr. Eva-Maria Sewing:	ist Lehrbeauftragte für Philosophie und Philosophiedidaktik an der Universität Bonn und unterrichtet Philosophie und Deutsch an der Erzbischöflichen Liebfrauenschule, Bonn

Redaktion: Dr. Martin Kloke
Bildassistenz: Dagmar Schmidt
Illustrationen und Karten: Hans Wunderlich, Berlin
Umschlaggestaltung: Ellen Meister unter Verwendung eines Fotos von J. Pietsch (Goethes Wohnhaus in Weimar)
Layoutkonzept, Grafik und technische Umsetzung: Wladimir Perlin, Berlin

www.cornelsen.de

Die Links zu externen Webseiten Dritter, die in diesem Lehrwerk angegeben sind, wurden vor Drucklegung sorgfältig auf ihre Aktualität geprüft. Der Verlag übernimmt keine Gewähr für die Aktualität und den Inhalt dieser Seiten oder solcher, die mit ihnen verlinkt sind.

1. Auflage, 1. Druck 2010

Alle Drucke dieser Auflage sind inhaltlich unverändert und können im Unterricht nebeneinander verwendet werden.

© 2010 Cornelsen Verlag, Berlin

Das Werk und seine Teile sind urheberrechtlich geschützt.
Jede Nutzung in anderen als den gesetzlich zugelassenen Fällen bedarf der vorherigen schriftlichen Einwilligung des Verlages.
Hinweise zu den §§ 46, 52 a UrhG: Weder das Werk noch seine Teile dürfen ohne eine solche Einwilligung eingescannt und in ein Netzwerk eingestellt werden oder sonst öffentlich zugänglich gemacht werden.
Dies gilt auch für Intranets von Schulen und sonstigen Bildungseinrichtungen.

Druck: Mohn Media Mohndruck, Gütersloh

ISBN 978-3-06-120222-4

 Inhalt gedruckt auf säurefreiem Papier aus nachhaltiger Forstwirtschaft.

Inhalt

Vorwort 8

1 Was ist Philosophie?
Welterklärung in Mythos, Naturwissenschaft und Philosophie 9

1.1 Das philosophische Staunen 11
     Methode zur Lernorganisation Philosophisches Schreibgespräch 13
1.2 Welterklärung im Mythos 13
     Information Die Wahrheit der Mythen 17
1.3 Kritik am Mythos 17
1.4 Vom Mythos zum Logos – die rationale Erklärung der Welt 19
1.5 Die Frage nach dem Urgrund – eine Herausforderung
     für Naturwissenschaft und Philosophie 21
1.6 Was heißt es zu philosophieren? 25
     Methode Philosophische Texte verstehen 26
Zusammenfassung und Medientipps 27

2 Was kann ich wissen?
Einführung in die Erkenntnistheorie 29

2.1 Wie kommt die Welt eigentlich in unseren Kopf? 31
2.2 Wahrnehmung als Bild der Wirklichkeit: der Naive Realismus 31
2.3 Zweifel am Naiven Realismus 32
2.3.1 Falsche Wahrnehmung? – Optische Täuschungen 32
2.3.2 Vorurteile und Wahrnehmung 34
2.3.3 Aktiv oder passiv? – Kippbilder und selektive Wahrnehmung 35
2.3.4 Wahrnehmen: Auswählen und Erschaffen 36
2.3.5 Ist die Welt farbig? – Die Wahrnehmung von Farben 36
2.3.6 Die Wahrnehmung von Zeit und Raum 38
     Methode Mit Gedanken experimentieren 39

2.4	Hoimar von Ditfurth: Wir sehen die Welt nicht, wie sie ist	40
2.5	Bertrand Russell: Was wir wahrnehmen, ist nicht die Wirklichkeit	42
	Methode Einen philosophischen Text analysieren und interpretieren	42
2.6	Die Welt als Konstruktion – der Radikale Konstruktivismus	46
	Methode zur Lernorganisation „Fishbowl"-Diskussion	47
2.7	Erkenntnis als Leistung des Geistes	48
2.7.1	Unumstößliche Gewissheiten	48
2.7.2	René Descartes: Die Erkenntnis von Körpern als geistiger Einblick	50
	Information Sicheres Wissen?	51
	Zusammenfassung und Medientipps	52

3 Was soll ich tun? (I)
Einführung in die philosophische Ethik — 53

3.1	Eine Ethik für alle Kulturen?	55
3.1.1	Ein Beispiel: Die Beschneidung von Mädchen	55
	Information Eine Somali kämpft gegen die Beschneidung	58
3.1.2	Die philosophische Diskussion um den Kulturrelativismus	58
	Methode Visualisieren	61
	Methode zur Lernorganisation Eine Diskussion als Rollenspiel durchführen	64
3.2	Ein ethisches Problem: Wahrheit und Lüge	66
3.2.1	Muss man immer die Wahrheit sagen?	66
	Methode zur Lernorganisation Eine Dilemmadiskussion führen	66
3.2.2	Diskussion Zwei Positionen	67
3.2.3	Ein Beispiel: Wahrheit am Krankenbett	70
	Information Teleologische und deontologische Ethik	72
	Zusammenfassung und Medientipps	73

4 Was soll ich tun? (II)
Einführung in die Rechts- und Staatsphilosophie — 75

4.1	Ein Beispiel: Der Fall „Bachmeier"	77
4.2	Was ist Strafe?	78
	Information Strafe und Rache	78
4.3	Wozu dient Strafe?	79
4.3.1	Gerechtigkeit oder Schutz der Gesellschaft – zwei Positionen	80
	Information Absolute und relative Straftheorie	80
4.3.2	Vergeltung und Gerechtigkeit als Zweck der Strafe	81
4.3.3	Prävention als Zweck der Strafe	84
	Methode Eine philosophische Erörterung verfassen	85
4.3.4	Strafen in einer gerechten Gesellschaft	86

4.4	Die Kontroverse um die Todesstrafe	89
	Methode zur Lernorganisation Strukturierte Kontroverse	89
4.4.1	Die Todesstrafe – eine wirkungsvolle Strafe?	90
	Biografie Albert Camus	92
4.4.2	Die Todesstrafe – eine gerechte Strafe?	93
	Diskussion Neue Chance für die Freiheit?	96
	Zusammenfassung und Medientipps	100

5 Was darf ich hoffen?
Einführung in die Metaphysik — 101

5.1	Sterbeerlebnisse	103
5.1.1	Angst vor dem Tod?	103
5.1.2	Sterbeerlebnisse als Beweise für ein Leben nach dem Tod?	104
5.1.3	Sterbeerlebnisse aus naturwissenschaftlicher Sicht	107
5.2	Religiöse Jenseitsvorstellungen als Beweise für ein Leben nach dem Tod?	108
5.2.1	Jenseitsvorstellungen in den monotheistischen Weltreligionen	109
	Information Auferstehung im Judentum	109
	Methode zur Lernorganisation Partnerpuzzle	110
	Diskussion Religiöse Jenseitsvorstellungen als Wunschprojektionen?	115
5.2.2	Die buddhistische Jenseitsvorstellung	116
	Information Wiedergeburt (Reinkarnation)	117
	Diskussion Das Nirwana – ein wenig erstrebenswertes Jenseits?	121
5.2.3	Religiöse Vorstellungen als Illusionen?	123
5.3	Philosophische Überlegungen zur Unsterblichkeit	124
5.3.1	Gibt es eine vom Körper trennbare unsterbliche Seele?	124
	Biografie Sokrates	125
	Methode Philosophisch argumentieren und urteilen	130
	Diskussion Gemeinsames Werden und Vergehen von Körper und Seele? · „Methode des Pfeifens im Dunkeln"?	134
5.3.2	Sind metaphysische Fragen beantwortbar?	136
	Zusammenfassung und Medientipps	137

Glossar	139
Personenregister	143
Auflösung und Bildnachweis	144

Vorwort

Liebe Schülerinnen und Schüler,

Sie zweifeln zuweilen daran, dass das, was Sie in Elternhaus und Schule, Medien und Freundeskreis so hören, richtig ist, dass Sie alles das tun sollten, was man so tut. Sie denken über eigene Wege nach, vergleichen unterschiedliche Vorstellungen von der Welt, von Moral und Politik? Wenn Sie das tun, beginnen Sie zu philosophieren. Sie unternehmen den Versuch, mit Hilfe der eigenen Vernunft die Welt zu ergründen. Die philosophische Reflexion reicht jedoch noch weiter:

„Für gewöhnlich zweifeln wir nicht an der Existenz des Bodens unter unseren Füßen oder des Baumes draußen vor dem Fenster oder unserer eigenen Zähne. Ja, die meiste Zeit denken wir noch nicht einmal an die psychischen [seelischen] Zustände, die uns diese Dinge wahrnehmen lassen, sondern scheinen die Welt direkt wahrzunehmen. Woher wissen wir jedoch, ob es ihre Dinge auch wirklich gibt? Wäre es denn anders für uns, wenn sie nur in unserem Bewusstsein existierten – wenn all das, was wir dort draußen für die wirkliche Welt hielten, nichts als eine gigantische Halluzination oder ein Traum wäre, aus dem wir niemals aufwachen werden?"*

* **Thomas Nagel** *Was bedeutet das alles? Eine ganz kurze Einführung in die Philosophie.* Aus dem Englischen übersetzt von Michael Gebauer. Reclam: Ditzingen 2008, S. 9

Philosophieren bedeutet also, sehr allgemeine und scheinbar selbstverständliche Vorstellungen über die Welt und sich selbst in Frage zu stellen. Dazu gehört auch das genauere Durchdenken der aufgeworfenen Fragen. Dies geschieht im Philosophieunterricht durch eigene Überlegungen und Diskussionen mit anderen sowie durch die Lektüre von Texten, in denen systematisch philosophiert wird. Das vorliegende Buch unterstützt einen solchen Philosophieunterricht und hilft bei der Entwicklung der zum Philosophieren in der Einführungsphase notwendigen Kompetenzen. Dazu geht das Buch von drei Grundfragen aus, die der deutsche Philosoph Immanuel Kant formuliert hat:

Was kann ich wissen? • Was soll ich tun? • Was darf ich hoffen?

Sie werden in vier Kapiteln auf der Grundlage philosophischer Texte und anderer Materialien entfaltet. Ein einleitendes Kapitel hilft vorab zu klären, was Philosophie ist. Jedem Kapitel ist eine Strukturskizze vorangestellt, die seinen Aufbau transparent macht; am Ende finden sich jeweils eine Zusammenfassung sowie Medientipps zur Weiterarbeit. Informationskästen und Biografieseiten präsentieren für das Gesamtverständnis wesentliche oder ergänzende *Kenntnisse*; markierte philosophische Diskussionsbeiträge regen an, sich ein *eigenes Urteil* zu bilden.

Zum Philosophieren benötigt man bestimmte Methoden. Das Buch hilft Ihnen bei deren Einübung: Zum einen werden fachliche Methoden, z. B. zur Texterschließung oder zum Argumentieren, erklärt, um Ihre *individuellen* philosophischen Kompetenzen zu fördern; zum anderen werden Methoden zur Lernorganisation vorgestellt, die das *gemeinsame* Lernen im Philosophieunterricht unterstützen. So wünschen wir Ihnen mit diesem Buch viele interessante Stunden, die zum eigenen Denken und zum methodischen Philosophieren anregen.

1 Was ist Philosophie?

Welterklärung in Mythos, Naturwissenschaft und Philosophie

„Durch das Staunen haben die Menschen seit jeher philosophiert."

Aristoteles (384–322 v. Chr.), *Metaphysik*, M 982 b

Ausgangspunkt: Das philosophische Staunen

Welterklärung im Mythos

Schöpfungsmythen

Kritik am Mythos

Vom Mythos zum Logos – die rationale Erklärung der Welt

Die ionischen Naturphilosophen

Die Frage nach dem Urgrund – eine Herausforderung für Naturwissenschaft und Philosophie

Was heißt es zu philosophieren?

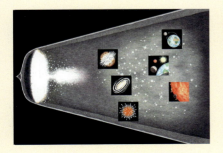

Der Mensch durchbricht das Himmelsgewölbe und sieht staunend in das All. Holzschnitt aus dem 19. Jahrhundert (im Stil des 15. Jahrhunderts), der den Ausbruch aus dem mittelalterlichen Weltbild darstellt.

– Formulieren Sie Fragen, die sich ein staunend die Welt und das Universum betrachtender Mensch stellen könnte.

– Was können die Vor- und Nachteile eines solchen staunenden Ausbruchs für den Einzelnen und für die Menschheit sein?

Was ist Philosophie? Welterklärung in Mythos, Naturwissenschaft und Philosophie

1.1 Das philosophische Staunen

■ 1993 erschien Jostein Gaarders philosophischer Roman „Sofies Welt" in deutscher Übersetzung und wurde auf Anhieb ein Bestseller. Der Roman beginnt damit, dass die 14-jährige Sofie Amundsen regelmäßig Briefe von einem geheimnisvollen Absender bekommt, die sie in die Geschichte der Philosophie einführen. Gleich zu Beginn macht der unbekannte Autor klar, dass die Fähigkeit, sich wundern zu können, die wesentliche Voraussetzung zum Philosophieren ist.

M 1 *Die Fähigkeit, uns zu wundern, ist das einzige, was wir brauchen, um gute Philosophen zu werden.*

Alle kleinen Kinder haben diese Fähigkeit, das ist ja wohl klar. Nach wenigen Monaten werden sie in eine nagelneue Wirklichkeit geschubst. Aber wenn sie
5 dann heranwachsen, scheint diese Fähigkeit abzunehmen. Woher kann das kommen? Kann Sofie Amundsen diese Frage beantworten? Also: Wenn ein kleines Baby reden könnte, würde es sicher erzählen, in was für eine seltsame Welt es gekommen ist. Denn obwohl das Kind nicht sprechen kann, sehen wir, wie es um sich zeigt und neugierig die Gegenstände im Zimmer anfasst. Wenn
10 die ersten Wörter kommen, bleibt das Kind jedes Mal stehen, wenn es einen Hund sieht und ruft: „Wau-wau!" Wir sehen, wie es in der Kinderkarre auf- und abhüpft und mit den Armen herumfuchtelt: „Wauwau! Wauwau!" Wir, die schon ein paar Jahre hinter uns haben, fühlen uns von der Begeisterung des Kindes vielleicht ein wenig überfordert. „Ja, ja, das ist ein Wauwau!", sagen wir
15 welterfahren, „aber setz dich jetzt schön wieder hin." Wir sind nicht so begeistert. Wir haben schon früher Hunde gesehen. Vielleicht wiederholt sich diese wüste Szene einige hundert Male, bis das Kind an einem Hund vorbeikommen kann, ohne außer sich zu geraten. Oder an einem Elefanten oder einem Nilpferd. Aber lange bevor das Kind richtig sprechen lernt – oder lange bevor es
20 philosophisch denken lernt –, ist die Welt ihm zur Gewohnheit geworden. […] Bist du noch da, Sofie? Wir machen noch ein gedankliches Experiment: Eines Morgens sitzen Mama, Papa und der kleine Thomas, der vielleicht zwei oder drei ist, in der Küche beim Frühstück. Plötzlich steht Mama auf und dreht sich zum Spülbecken um und dann – ja, dann schwebt Papa plötzlich unter der De-
25 cke. Was glaubst du, sagt Thomas dazu? Vielleicht zeigt er auf seinen Papa und sagt: „Papa fliegt!"
Sicher wäre Thomas erstaunt, aber das ist er ja sowieso. Papa macht so viele seltsame Dinge, dass ein kleiner Flug über den Frühstückstisch in seinen Augen keine große Rolle mehr spielt. Jeden Tag rasiert er sich mit einer witzigen
30 Maschine, manchmal klettert er aufs Dach und dreht an der Fernsehantenne herum – oder er steckt den Kopf in den Automotor und kommt rabenschwarz wieder zum Vorschein. Und dann kommt Mama an die Reihe. Sie hat gehört, was Thomas gesagt hat, und dreht sich resolut um. Wie, glaubst du, wird sie auf den Anblick des frei schwebenden Papas über dem Küchentisch reagieren? Ihr

35 fällt sofort das Marmeladenglas aus der Hand und sie heult vor Entsetzen auf. Vielleicht muss sie zum Arzt, nachdem Papa wieder auf seinem Stuhl sitzt. (Er hätte schon längst bessere Tischmanieren lernen sollen.)
Warum reagieren Thomas und Mama so unterschiedlich, was meinst du? […]
Das Traurige ist, dass wir uns im Heranwachsen nicht nur an die Gesetze der
40 Schwerkraft gewöhnen. Wir gewöhnen uns gleichzeitig an die Welt selber.

Jostein Gaarder
Sofies Welt. Roman über die Geschichte der Philosophie. Übersetzt von Gabriele Haefs. Hanser Verlag: München und Wien 1993, S. 23–26

1 Warum reagiert Thomas relativ gelassen und warum fällt Mama das Marmeladenglas aus der Hand?

2 Wie stellt sich ein Erwachsener die Welt vor? In welchen Punkten hat er sich an die Welt gewöhnt? Sind Kinder die besseren Philosophen?

■ Sofie Amundsen beginnt sich über die Welt zu wundern. Und als sie erst einmal anfängt, ergeben sich Fragen über Fragen.

Woher kommt die Welt? […] Keine Ahnung, dachte Sofie. So was weiß ja wohl niemand! […] Sofie wusste natürlich, dass die Welt nur ein kleiner Planet im riesigen Weltraum war. Aber woher kam der Weltraum?
5 Es war natürlich denkbar, dass der Weltraum immer schon da gewesen war; dann brauchte sie auch keine Antwort auf die Frage zu finden, woher er gekommen war. Aber konnte etwas denn ewig sein? Irgendetwas in ihr protestierte dagegen. Alles, was existierte, muss doch einen Anfang haben. Also musste irgendwann der Weltraum
10 aus etwas anderem entstanden sein.
Aber wenn der Weltraum plötzlich aus etwas anderem entstanden war, dann musste dieses andere ebenfalls irgendwann aus etwas anderem entstanden sein. Sofie begriff, dass sie das Problem nur vor sich her geschoben hatte. Schließlich und endlich musste irgendwann irgendetwas aus null und nichts entstanden
15 sein. Aber war das möglich? War diese Vorstellung nicht ebenso unmöglich wie die, dass es die Welt immer schon gegeben hatte?
Im Religionsunterricht lernten sie, dass Gott die Welt erschaffen hatte, und Sofie versuchte jetzt, sich damit zufrieden zu geben, dass das trotz allem die beste Lösung für dieses Problem war. Aber dann fing sie wieder an zu denken.
20 Sie konnte gern hinnehmen, dass Gott den Weltraum erschaffen hatte, aber was war mit Gott selber? Hatte er sich selbst aus null und nichts erschaffen? Wieder protestierte etwas in ihr. Obwohl Gott sicher alles Mögliche erschaffen konnte, konnte er sich ja wohl kaum selber schaffen, ehe er ein „Selbst" hatte, mit dem er erschaffen konnte. Und dann gab es nur noch eine Möglichkeit: Gott gab es
25 schon immer. Aber diese Möglichkeit hatte sie doch schon verworfen. Alles, was existierte, musste einen Anfang haben.
„Verflixt."

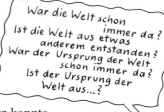

War die Welt schon immer da? Ist die Welt aus etwas anderem entstanden? War der Ursprung der Welt schon immer da? Ist der Ursprung der Welt aus...?

Jostein Gaarder
Sofies Welt.
Hanser Verlag: München 1993, S. 12–14

> **METHODE ZUR LERNORGANISATION**
>
> ## Philosophisches Schreibgespräch
>
> Die Überlegungen Sofies zum Ursprung der Welt können Sie in einem Schreibgespräch fortsetzen. Dazu finden Sie sich in Kleingruppen zusammen, legen den Zeitrahmen in Abstimmung mit der Lehrkraft fest und schreiben dann Ihre Gedanken zur Leitfrage nacheinander auf ein großes Blatt Papier. Einer beginnt, die anderen folgen und setzen das Gespräch möglichst argumentativ fort.
> Wichtig dabei ist, dass Sie das Gespräch stumm führen und möglichst aufeinander eingehen. Es müssen nicht immer ganze Sätze geschrieben werden, aber Sie sollten versuchen, Ihre Behauptungen bzw. Antworten zu begründen oder durch weitere Fragen den Gedankengang weiterzubringen.
> Die beschriebenen Blätter können anschließend von den Mitgliedern der anderen Gruppen betrachtet und evtl. kommentiert werden. Falls Sie die Blätter im Kursraum längerfristig aufhängen dürfen, können Sie im weiteren Unterrichtsverlauf immer wieder darauf zurückkommen.

3 Was hat die Beantwortung der Frage „Woher kommt die Welt?" mit uns als Menschen zu tun? Verdeutlichen Sie sich, inwiefern diese Frage und die Frage „Woher kommen wir?" zusammenhängen.

1.2 Welterklärung im Mythos

■ Sofies Fragen sind nichts Außergewöhnliches: Viele Kinder stellen sie sich irgendwann einmal. Die Fragen nach dem Anfang und Zusammenhang der Welt beschäftigen die Menschen seit jeher und sind auch heute noch Gegenstand wissenschaftlichen Fragens. In vorwissenschaftlicher Zeit erzählten sich die Menschen Geschichten, die darauf Antwort geben sollten. Solche fantasievollen Geschichten – Mythen[1] – gibt es in allen Kulturen. Sie unterscheiden sich in ihrer Gestalt, ähneln sich aber hinsichtlich der Fragestellung und der Erklärungsmuster sehr.

Hesiod (740–670 v. Chr.), einer der berühmtesten griechischen Dichter aus vorchristlicher Zeit, erzählt in seiner „Theogonie", wie man sich in der griechischen Antike die Entstehung der Welt vorstellte.

1 **Mythos** (griech.): Wort, Rede, Erzählung

Darstellung eines Orionnebels: Ein großer Teil der Sterne entstand im Frühstadium des Universums vor über 10 Milliarden Jahren. Aber auch heute bilden sich noch Sterne. Der Orionnebel gilt als eines der aktivsten Sternentstehungsgebiete.

Vom Chaos zum Kosmos

Zu Anfang aber entstand das Chaos, der weit sich dehnende Raum, später dann Gaia, die Erde, der finstere Abgrund des Tartaros [Unterwelt] tief unter ihr und Eros, der Liebesgott, der schönste von allen unsterblichen Göttern. […] Gaia aber brachte Uranos, den Himmel, brachte Gebirge und das Meer hervor, gebar auch die Nymphen der Berge und Wälder, alles aus sich selbst. Danach vereinte Eros Uranos und Gaia, Uranos ließ seinen Regen auf Gaia herab und sie gebar das Geschlecht der Titanen[2] […], als jüngsten Sohn den verschlagenen Kronos[3]. Auch die Zyklopen gebar sie, die auf ihrer Stirn nur ein einziges riesiges Auge haben, und drei ungeheure Riesen, von denen ein jeder hundert Arme und fünfzig Köpfe besaß. Ihr Anblick war so fürchterlich, dass es selbst ihren Vater Uranos vor ihnen graute und er sie, kaum dass sie geboren waren, tief im Schoß der Erde verbarg und nicht ans Licht gelangen ließ.
Gaia betrübte das, denn sie liebte alle ihre Kinder. Also schuf sie eine riesige eiserne Sichel als Waffe für die Titanen gegen den eigenen Vater. Doch keiner wagte es, Uranos Gewalt anzutun, außer dem verschlagenen Kronos. Den verbarg Gaia in einem sicheren Versteck und hieß ihn dort lauern, bis im Dunkel der Nacht der gewaltige Uranos sie voll Verlangen umarmen wollte. Da ergriff Kronos die Sichel, schwang sie mit Macht und entmannte damit den Vater […]. Uranos aber verfluchte das ganze Geschlecht der Titanen und rief, von Schmer-

2 Uranos gab seinen Kindern diesen Namen, weil sie sich ständig gegen ihn auflehnten: „Titan" (griech.) meint sinngemäß „Racker".

3 „Kronos" (griech.): Zeit

20 zen gepeinigt, dass sie einst für die Tat des Kronos schwer büßen müssten. Trotzdem erhoben sich nun alle gegen ihren Vater, entrissen ihm die Herrschaft über die Welt, die sie mit reicher Nachkommenschaft füllten, und machten Kronos zu ihrem neuen Herrn.

Hesiod Erzählt nach Gerhard Fink. *Die schönsten Sagen der Antike.* Fischer Verlag: Frankfurt/Main 2002, S. 17 f.

■ Weil Kronos genau wie sein Vater die Macht seiner eigenen Kinder fürchtete, verschlang er sie gleich nach ihrer Geburt. Sein jüngster Sohn Zeus, den die Mutter mit Hilfe einer List gerettet hatte, befreite aber seine Geschwister: Unerkannt schlich er sich bei Kronos als Mundschenk ein und mischte in seinen Honigtrunk Salz und Senf, so dass sich Kronos erbrach und so alle seine verschlungenen Kinder wieder ans Tageslicht traten. Es kam zu einem gewaltigen Kampf, in dem Zeus mit Hilfe seiner Geschwister die Titanen und Kronos besiegte. Die Titanen verbannte Zeus in den Tartaros, wo sie von den hundertarmigen Riesen bewacht werden. Atlas aber, der Anführer der Titanen, musste als besondere Strafe den Uranos auf seinen Schultern tragen. So konnte Zeus fortan mit seinen Geschwistern sicher im Olymp herrschen.

Atlas – von Zeus dazu verdammt, den Uranos (das Himmelsgewölbe) auf seinen Schultern zu tragen.

① Vollziehen Sie die Entwicklung vom Chaos bis zur Herrschaft des Zeus in einem Schaubild nach und überlegen Sie, was sich verändert hat.

② Informieren Sie sich über Schöpfungsmythen anderer Kulturen (z. B. Hebräische Bibel, Buch Genesis 1–2, 4 a; Buch des Rates der Maya-Indianer: s. unten). In welchen Punkten unterscheiden sie sich, wo zeigen sich Gemeinsamkeiten?

③ Verdeutlichen Sie sich die Funktion mythischer Erzählungen, indem Sie jeweils die grundlegende Veränderung im Vergleich zum Ursprungszustand der Welt aufzeigen.

M 4 Da war das tobende All. Kein Hauch. Kein Laut. Reglos und schweigend die Welt. Und des Himmels Raum war leer. […] Noch war der Erde Antlitz nicht enthüllt. Nur das sanfte Meer war da und des Himmels weiter Raum. […] Unbeweglich und stumm war die Nacht, die Finsternis. Aber im Wasser, umflossen von Licht, waren diese: Tzakól, der Schöpfer; Bitól, der Former; der Sieger Tepeu und die Grünfederschlange Gucumátz […]. In Dunkelheit und Nacht kamen Tepeu und Gucumátz zusammen und sprachen miteinander. […] So beschlossen sie die Schöpfung und den Wuchs der Bäume und Schlingpflanzen, den Beginn des Lebens und die Erschaffung des Menschen.

Popol Vuh *Das Buch des Rates.* Übersetzt von Wolfgang Cordan. Eugen Diederichs Verlag: Düsseldorf 1973, S. 29f.

■ Der französische Altertumsforscher Jean-Pierre Vernant erzählt und erklärt die Schöpfungsgeschichte des Hesiod für uns heute.

M 5 Am Anfang war die gähnende Leere. Die Griechen nennen sie Chaos. Darunter muss man sich eine Tiefe vorstellen, eine finstere Tiefe, in der nichts unterschieden werden kann. Einen Raum des Falls, des Taumels und des Durchein-

Welterklärung im Mythos 15

anders, einen endlosen Raum ohne Grund und Boden. […] Danach erschien die Erde. Die Griechen sagen Gaia. Die Erde entsprang dem Schoß der gähnenden Leere. Sie ist nach dem Chaos geboren und stellt in mancherlei Hinsicht sein Gegenteil dar. […] Sie besitzt eine deutlich erkennbare, abgetrennte, klare Form. Dem Durcheinander, der finsteren Undeutlichkeit des Chaos stehen Gaias Klarheit, Festigkeit und Stabilität gegenüber. Jedes Ding auf Erden ist klar umrissen, sichtbar und solide. Gaia lässt sich als das Gebilde definieren, auf dem sich Götter, Menschen und Tiere sicher fortbewegen können. […] Die Erde ist das Fundament in der Wohnstätte „Kosmos[1]".

Das ist jedoch nicht ihre einzige Funktion. Mit Ausnahme bestimmter Wesen, die aus dem Chaos hervorgingen, […] gebärt und nährt sie alle Dinge. Gaia ist die universelle Mutter. […] Nach dem Chaos und der Erde entstand als drittes Eros. […] Der erste Eros ist Ausdruck eines Vorstoßes ins Universum. Genau wie die Erde aus der gähnenden Leere hervorging, wird ihr entspringen, was in ihren Tiefen verborgen war. Was Teil ihrer selbst war, trägt sie nach außen. Sie bringt es zur Welt, ohne sich dafür mit jemandem vereinen zu müssen. Was die Erde freisetzt und preisgibt, ist das, was dunkel in ihr wohnte. Die Erde bringt zunächst eine sehr wichtige Gestalt hervor. Es ist Uranos, der Himmel, der Sternenhimmel. Danach gebiert sie Pontos, das heißt das Wasser, die Gewässer […].

Am Ursprung der Welt stehen somit drei Wesen – Chaos, Gaia, Eros – sowie zwei weitere Wesen, die die Erde hervorbrachte: Uranos und Pontos. Sie sind Naturgewalten und Gottheiten zugleich. Gaia ist sowohl die Erde, auf der wir laufen, als auch eine Göttin. Pontos stellt die Meeresströme dar, gleichzeitig aber auch eine göttliche Macht, der man einen Kult weihen kann.

Die Geschichten, die nun [mit den Titanen- und Götterkämpfen] folgen, sind von einer anderen Art. […] An die Stelle der Fragen nach der Entstehung der Welt […] treten nun andere Fragen. Und andere, weitaus dramatischere Erzählungen versuchen, diese Fragen zu beantworten.

[1] Kosmos (griech.): wörtlich „Ordnung", „Weltordnung"; heute meist als Bezeichnung für das Weltall verwendet.

Jean-Pierre Vernant *Griechische Mythen neu erzählt.* Dumont: Köln ²2004, S. 19–29

4 Erklären Sie am Beispiel des Gegensatzpaares Chaos und Kosmos, welche Absicht die Menschen mit mythischen Erzählungen verfolg(t)en.

5 Erläutern Sie mit Hilfe der Ausführungen Vernants, worin die Vielschichtigkeit mythischer Erzählungen besteht: Welche Bedeutung hatte es wohl für die Menschen, dass die Naturgewalten zugleich göttlichen Charakter besaßen?

6 Man kann den Mythos als eine Erzählung verstehen, in der verschiedene existenzielle Fragen beantwortet werden. Versuchen Sie aus dem griechischen Schöpfungsmythos des Hesiod jene Fragen abzuleiten, auf die der Mythos eine Antwort gibt.

> **INFORMATION** **Die Wahrheit der Mythen**
>
> Obwohl Mythen aus heutiger Sicht fantastische und übernatürliche Geschichten sind, wurden sie zu ihrer Entstehungszeit als „wahr" betrachtet. Was heißt das? Die Welt ist riesig und unüberschaubar, auch und gerade für die Menschen früher, die vor dem Lagerfeuer saßen und nicht mehr kannten, als sich in einem Umkreis von zehn Tagesreisen zu Fuß besuchen ließ. Und da stellten sich Fragen: Woher kamen und wohin gingen die jagdbaren Tiere? Würden Korn und Beeren auch im kommenden Frühjahr wieder wachsen? Woher kamen die Kinder des Stammes und wohin gingen die Alten, wenn sie starben? Es waren die gleichen Fragen, die wir uns heute noch stellen und der Mythos beantwortete sie dadurch, dass er sie mit Symbolen[1] versah. Die Symbole standen für das, was man sich nicht erklären konnte und machten die Welt verstehbar: Götter, Geister und beseelte Kräfte hielten die Welt zusammen und ließen das Leben wachsen.
>
> Der Mythos hatte den Anspruch, die Menschen einerseits durch eine Erzählung in das größere Ganze des materiellen wie des spirituellen Kosmos einzubetten und sie andererseits durch den Verweis auf das Übernatürliche mit ihrer beschränkten Lebenssituation zu versöhnen. Der Mensch stand ohnmächtig vor Leid, Krankheit, Tod und vielen unbegreiflichen, Angst erzeugenden Veränderungen; aber die Gedankenbilder und Symbole des Mythos erklärten zumindest, warum das so war. Anders als die Wissenschaft sagte der Mythos aber nicht nur, was ist, sondern auch warum etwas ist, wie es ist […]. Dies ist der Grund, warum Mythen Sinn zu stiften vermögen, Wissenschaft aber nicht, zumindest nicht aus eigener Kraft.

1 „Symbolisch" (von griech. „symbolon"): sinnlich wahrnehmbares Zeichen oder Bild für etwas Abstraktes, mit den Sinnen nicht Erfassbares; die Bedeutung des Symbols (auch Sinnbild) ist innerhalb einer bestimmten Menschengruppe bzw. einer Kultur festgelegt und für außen Stehende nicht direkt erkennbar: z. B. steht das Kreuz als Symbol für den christlichen Glauben, die Rose in unserem Kulturkreis für die Liebe usw.

Nach **Frank Weinreich**
Fantasy. Einführung.
Oldib Verlag:
Essen 2007, S. 43 ff.

7 Informieren Sie sich über den Persephone-Mythos und unterscheiden Sie verschiedene Leistungen mythischer Erzählungen für die existenziellen Fragen und Nöte der Menschen in früheren Zeiten.

8 Diskutieren Sie, ob die Leistungen des Mythos durch die moderne Wissenschaft völlig überholt und für heutige Menschen entbehrlich geworden sind.

1.3 Kritik am Mythos

■ Um 540 vor Christus übte der griechische Physiker und Philosoph Xenophanes von Kolophon (ca. 570–475/70 v. Chr.) heftige Kritik an dem durch Hesiod und andere griechische Dichter überlieferten Götterbild. Xenophanes hatte mit 25 Jahren seine Vaterstadt Kolophon in Kleinasien verlassen und in Süditalien eine neue Heimat gefunden. Auf seinen Fahrten, die ihn in viele Länder führten, war er unterschiedlichen Göttervorstellungen verschiedener Völker begegnet und zu dem Schluss gekommen, dass jedes Volk sich seine Götter nach eigenen Vorstellungen schafft.

Durch seine Reflexionen setzte Xenophanes eine Bewegung in Gang, die man als die *griechische Aufklärung* bezeichnet.

M 6 Alles haben Homer und Hesiod den Göttern angedichtet, was nur immer bei den Menschen Schimpf und Schande ist: Stehlen, Ehebrechen und sich gegenseitig Betrügen. […] Doch die Sterblichen wähnen, die Götter würden geboren und hätten Gewand, Stimme und Gestalt ähnlich wie sie selber. […] Die Äthi-
5 oper stellen sich ihre Götter schwarz und stumpfnasig vor, die Thraker dagegen blauäugig und rothaarig. […] Wenn Kühe, Pferde oder Löwen Hände hätten und damit malen und Werke wie die Menschen schaffen könnten, dann würden die Pferde pferde-, die Kühe kuhähnliche Götterbilder malen und solche Gestalten schaffen, wie sie selber haben. […] [Aber es herrscht] nur ein einziger
10 Gott, unter Göttern und Menschen der Größte, weder an Aussehen den Sterblichen ähnlich noch an Gedanken. […] Ganz sieht er, ganz denkt er, ganz hört er. […] Doch ohne Mühe bewirkt er den Umschwung des Alls durch des Geistes Denkkraft. […] Immer verharrt er am selbigen Ort, sich gar nicht bewegend; ziemt es sich doch nicht für ihn, zu gehen hierhin und dorthin.

Xenophanes Zitiert nach Wilhelm Capelle (Hrsg.): *Die Vorsokratiker*. Alfred Kröner Verlag: Stuttgart. 1968, S. 121f.

1 Verdeutlichen Sie, unter Berücksichtigung der abgebildeten Götterdarstellungen, weshalb Xenophanes die mythischen Göttervorstellungen ablehnt.

2 Xenophanes hat ein grundsätzlich anderes Verhältnis zum Mythos als seine gläubigen Zeitgenossen. Beschreiben Sie die neue Richtung seines Fragens und Denkens.

3 Erklären Sie, weshalb man die Gottesvorstellung des Xenophanes als „rational" bezeichnen kann.

Hochzeit der Hera und des Zeus (Griechenland, 5. vorchristl. Jh.)

Isis mit dem Horuskind (altägyptische Göttin)

Apoll von Belvedere – nach einem Werk des Leochares aus dem 4. vorchristl. Jh.: Gott der Künste und des Lichts, Sohn des Zeus

Mutter- und Fruchtbarkeitsgöttin (Phemba) in Gestalt einer Mutter mit Säugling (Zentralafrika)

Was ist Philosophie? Welterklärung in Mythos, Naturwissenschaft und Philosophie

1.4 Vom Mythos zum Logos – die rationale Erklärung der Welt

Poseidon ist nach dem alten Volksglauben der Griechen der Verursacher von Erdbeben.

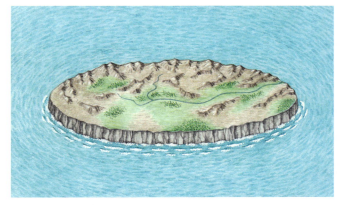

Thales behauptet, die Erde werde vom Wasser getragen. Sie werde wie ein Schiff bewegt, und infolge der Beweglichkeit des Wassers schwanke sie dann, wenn die Leute sagen, sie erbebe.
(Seneca)

1 Vergleichen Sie die beiden Methoden der Erklärung des Phänomens „Erdbeben".

2 Informieren Sie sich, wie heute Erdbeben erklärt werden, und beschreiben Sie die Methode der Erklärung. Inwiefern hat sie mehr Gemeinsamkeiten mit den Erklärungen des Thales als mit denen des Volksglaubens?

■ Im 7./6. Jahrhundert vor Christus versuchten einige Naturforscher die Frage nach dem Anfang und Urgrund der Welt auf andere Weise als die Mythen zu beantworten. Der bekannteste und älteste dieser Forscher war der Mathematiker und Astronom Thales von Milet (etwa 624–546 v. Chr.). Weil er aufgrund seiner Berechnungen eine Sonnenfinsternis im Jahre 585 v. Chr. vorausgesagt hatte, stand er bei seinen gebildeten Zeitgenossen in hohem Ansehen. Zum Urgrund aller Dinge erklärte er das Wasser: Alles sei vermutlich aus dem Wasser entstanden.
Von Thales selbst sind keine Schriften überliefert, aber spätere übereinstimmende Quellen geben ein zuverlässiges Zeugnis seines Denkens. So berichtet auch der bekannte griechische Philosoph Aristoteles (384–322 v. Chr.), welche Überlegungen Thales zu seiner Vorstellung des Ursprungs geführt haben.

Thales soll auch die Höhe von Pyramiden ermittelt haben. Dazu steckte er einen Stab in die Erde, dessen Länge er gemessen hatte. Als der Schatten des Stabes genau so lang war wie der Stab selbst, maß er die Länge des Pyramidenschattens und konnte so die Höhe der Pyramiden proportional berechnen (vgl. die mathematischen Strahlensätze).

M 7 Von denen, die als erste philosophiert haben, glaubten die meisten, dass der einzige Urgrund aller Dinge im Wesen des Stofflichen liege. Denn das, woraus alles Seiende ist und woraus es als Erstes wird und in was es am Ende

wieder vergeht, indem es seiner Substanz nach erhalten bleibt, in seinen
Zuständen aber sich wandelt, erklären sie als Urelement und Urgrund alles
Bestehenden [...].
Thales aber, der Begründer einer solchen Philosophie, erklärt das Wasser für
den Urgrund aller Dinge. [...] Er entnahm diese Meinung wahrscheinlich der
Beobachtung, dass die Nahrung aller Wesen feucht ist und dass das Warme
hieraus wird und hierdurch lebt – denn das, woraus ein Anderes wird, ist für
alle Dinge der Urgrund. [...]

Aristoteles Zitiert nach Ralf Ludwig: *Die Vorsokratiker für Anfänger.* Deutscher Taschenbuch Verlag: München 2002, S. 46

Thales stammt aus Milet an der Westküste Kleinasiens, dem alten Ionien. Daher zählt man ihn zu den ionischen Naturphilosophen.

3 Was hat Thales wohl zu seiner Annahme bewogen? Finden Sie sie plausibel?

Indem Thales und nach ihm alle weiteren Naturphilosophen den Ursprung der Welt mit Hilfe ihrer Beobachtung und des rationalen Denkens, des Logos, erklären, vollziehen sie einen radikalen Bruch mit der mythischen Welterklärung. Für übernatürliche, persönliche Wesen ist in ihrem Denken kein Platz mehr. Der Philosoph Wilhelm Weischedel (1905–1975) erklärt im Folgenden, wieso gerade Thales aus Milet als erster Philosoph gilt.

M 8 Es geht ihm [Thales] nicht um die Dinge, sondern um das Wesen der Dinge. Er will dahinter kommen, was es in Wahrheit mit dem auf sich hat, was sich in so vielfältigen Gestalten in der Welt findet: mit den Bergen, den Tieren und den Pflanzen, mit dem Menschen, seinem Tun und seinem Denken. Was ist das Wesen von alledem, fragt Thales. Und weiter: Woher kommt, woraus entspringt das alles, was ist das Eine, alles Umfassende, das Prinzip[1], das macht, dass alles wird und ist und besteht. Das sind, wenn auch von ihm selber nicht so ausgesprochen, die Grundfragen des Thales, und indem er sie als Erster stellt, wird er zum Anfänger der Philosophie. Denn nach dem Wesen und dem Grund zu fragen, ist seitdem und bis heute das zentrale philosophische Anliegen. [...]
Als Thales die Sterne beobachtete und nach oben blickte, und als er dabei in einen Brunnen fiel, soll eine witzige und geistreiche thrakische Magd ihn

[1] „Prinzip" (von lat. principium): der Ursprung und tiefere Grund einer Sache; das ihr zugrunde liegende allgemeine Wesen

verspottet haben: er wolle wissen, was am Himmel sei, aber es bleibe ihm verborgen, was vor ihm und zu seinen Füßen liege. […] Der gleiche Spott trifft alle, die in der Philosophie leben. Denn in Wahrheit bleibt einem solchen der Nächste und der Nachbar verborgen, nicht nur in dem, was er tut, sondern fast auch darin, ob er ein Mensch ist oder irgend ein anderes Lebewesen […]. Wenn er vor Gericht oder irgendwo anders über das reden muss, was zu seinen Füßen oder vor seinen Augen liegt, ruft er Gelächter hervor, nicht nur bei Thrakerinnen, sondern auch beim übrigen Volk; aus Unerfahrenheit fällt er in den Brunnen und in jegliche Verlegenheit; seine Ungeschicklichkeit ist entsetzlich und erweckt den Anschein der Einfältigkeit. […] Was aber der Mensch ist, und was zu tun und zu erleiden einem solchen Wesen im Unterschied von den anderen zukommt, danach sucht er und das zu erforschen müht er sich. Jetzt also kehrt sich die Sache um. […] Wenn es um das Wesen der Gerechtigkeit und andere wesentliche Fragen geht, dann wissen die anderen nicht aus noch ein und machen sich lächerlich; dann aber ist die Stunde des Philosophen gekommen.

Wilhelm Weischedel *Die philosophische Hintertreppe.* Deutscher Taschenbuch Verlag: München 1975, S. 13 f.

4 Vergleichen Sie die Vorstellungen vom Anfang in mythischen Erzählungen mit Thales´ Vorstellung des Urgrunds[2].

5 Zeigen Sie die besonderen Merkmale des philosophischen Fragens und philosophischer Reflexion – im Gegensatz zum mythischen Denken – auf.

[2] Die Frage nach dem „Urgrund" – im Griechischen „Arché" – ist von nun an die alles beherrschende Frage der Philosophie.

1.5 Die Frage nach dem Urgrund – eine Herausforderung für Naturwissenschaft und Philosophie

■ Die Frage nach dem Urgrund ließ die Zeitgenossen und Nachfolger des Thales nun nicht mehr los. Sie kamen aber zu anderen Antworten als er. Wie Anaximandros, der wie Thales aus Milet stammt und von 611 bis 546 v. Chr. lebte, die Frage nach dem Urgrund beantwortet, ist im folgenden Brief des Philosophen Simplicius an Aristoteles überliefert.

Für Anaximandros war das Unendliche die Ursache eines sich ständig wiederholenden Entstehens und Vergehens.

M 9 Anaximandros […] aus Milet, der Schüler und Nachfolger des Thales, hat als Urgrund und Element der Dinge das Unendliche angenommen, indem er als erster diesen Namen für den Urgrund gebrauchte. Er bezeichnet aber als Urgrund weder das Wasser noch ein anderes der so genannten Elemente, sondern eine andere unendliche Substanz, aus der sämtliche Himmel entstanden seien und die Welten in ihnen.

Simplicius Zitiert nach Wilhelm Capelle (Hrsg.): *Die Vorsokratiker.* A. a. O., S. 81 f.

■ Den ebenfalls aus Ionien stammenden griechischen Denker Heraklit von Ephesos (ca. 545–483 v. Chr.) führte sein Fragen nach dem Urgrund zu einem schwerwiegenden Problem. Heraklit stellte fest, dass das Leben, die Welt, das gesamte Sein, durch den Kampf von Gegensätzen bestimmt seien. Wie aber kann ein und derselbe Urgrund lauter Gegensätzliches hervorbringen? Ist vielleicht das Werden und Vergehen selbst das Wesen der Dinge oder das Gesetz (der „Logos"[1]) der Welt? Die meisten der von Heraklit überlieferten Bruchstücke seines Werkes (Fragmente) deuten daraufhin.

1 „Logos" (griech.): alles lenkende Weltvernunft.

M 10
Alles fließt.
Wer in denselben Fluss steigt, dem fließt anderes und wieder anderes Wasser zu.
Wir steigen in denselben Fluss und doch nicht in denselben; wir sind es, und
5 wir sind es nicht.
Ein und dasselbe offenbart sich in den Dingen als Lebendes und Totes, Waches und Schlafendes, Junges und Altes. Denn dieses [jeweils erstgenannte] ist nach seiner Umwandlung jenes, und jenes, wieder verwandelt, dieses.
Man muss wissen, dass der Kampf das Gemeinsame ist und das Recht der Streit,
10 und dass alles Geschehen [notwendig] vermittels des Streites […] erfolgt.
Das Widerstrebende vereinig[t] sich und aus den entgegen gesetzten (Tönen) entsteh[t] die schönste Harmonie […].
Diese Welt, dieselbige von allen Dingen, hat weder der Götter noch der Menschen einer gemacht, sondern sie war immer und ist und wird immer sein ein
15 ewig lebendes Feuer […].

Heraklit Nach Wilhelm Capelle. *Die Vorsokratiker.* A. a. O., S. 132–135; 142

❶ Vergleichen Sie die Annahmen des Thales und Anaximandros: Wo sehen Sie Gemeinsamkeiten, wo Unterschiede?

❷ Deuten Sie die Flussmetapher des Heraklit. Verdeutlichen Sie sich den Zusammenhang von Dauer und Veränderung am Beispiel Ihrer eigenen Lebensgeschichte oder an Erscheinungen in der Natur.

❸ In den ersten fünf der abgedruckten Fragmente des Heraklit wird der ewige Wechsel, das ständige Werden und Vergehen als Prinzip des Seins behauptet. Inwiefern unterscheidet sich diese Auffassung von der des Anaximandros?

❹ Kann Heraklits letztes Fragment als Folgerung aus den ersten fünf angesehen werden?

❺ Warum kommentiert Goethe in seinem Gedicht „Dauer im Wechsel" die Erkenntnis des ewigen Fließens wohl mit einem „Ach"? Wie wirkt sich die Lehre vom ständigen Vergehen und Entstehen auf das Lebensgefühl des Menschen aus?

„[…]
Willst du nach den Früchten greifen, Eilig nimm dein Teil davon! Diese fangen an zu reifen, Und die andern keimen schon; Gleich mit jedem Regengusse Ändert sich dein holdes Tal, Ach, und in demselben Flusse Schwimmst du nicht zum zweitenmal.
[…]."
Johann Wolfgang von Goethe *Dauer im Wechsel*. In: Ders.: Werke. Hamburger Ausgabe in 14 Bänden. Band 1. C. H. Beck: München 1981, S. 247.

■ Mehr als ein Jahrhundert später erklärte der Physiker und Philosoph Demokrit von Abdera (ca. 460–370 v. Chr.) die Welt mit Hilfe seiner Atomtheorie: Alles, was ist, sei aus unzähligen, für den Menschen nicht sichtbaren kleinsten Teilchen zusammengesetzt. Über Demokrit berichtet Simplicius:

M 11 Er glaubt aber, dass die Urkörper so klein seien, dass sie von unseren Sinnen nicht erfasst werden könnten. Und sie hätten allerlei Gestalten und allerlei Formen; auch an Größe wären sie verschieden. Aus diesen „Urkörpern" nun lässt er gerade wie aus Elementen die sichtbaren und die überhaupt von unseren Sinnen wahrnehmbaren Körper entstehen und sich zusammenfinden. Sie wären aber in Zwist miteinander und bewegten sich im leeren Raum infolge ihrer Unähnlichkeit und der anderen genannten Unterschiede. Infolge ihrer Bewegung aber stießen sie aufeinander und verflöchten sich derartig miteinander, dass sie einander berührten und nahe beieinander wären; aber es lässt sich aus ihnen keine wirkliche Einheit werden. […] Als Grund dafür aber, dass die Atome eine Zeitlang miteinander zusammenbleiben, gibt er ihre wechselseitige Verschränkung und ihr Haften aneinander an. Denn die einen von ihnen seien schief, die anderen hakenförmig, die einen mit muldenförmigen Vertiefungen, die anderen gewölbt, die andern mit „andern" unzähligen Unterschieden. Nach seiner Meinung haften sie nun so lange aneinander und bleiben zusammen, bis irgendein stärkerer Zwang, der aus der äußeren Umwelt auf sie einwirkt, sie durcheinander schüttelt, trennt und zerstreut.

Simplicius
Zitiert nach: Wilhelm Capelle. *Die Vorsokratiker.* A. a O., S. 396 f.

■ Für Demokrit sind nicht nur die materiellen Dinge aus Atomen zusammengesetzt, sondern ebenso Seele und Geist. Auch sie bestünden aus kugelförmigen Atomen, die beweglicher als die anderen Atome seien. Auf diese Weise könnten die Seelenatome auf den Körper einwirken und ihn in Bewegung versetzen.

6 Fertigen Sie eine Skizze an, mit der Sie die Entstehung unterschiedlicher Körper aus den Atomen verdeutlichen; erklären Sie auf dieser Grundlage, was Entstehen und Vergehen nach Demokrits Atomtheorie bedeutet.

7 Welche Schlüsse hinsichtlich der Sterblichkeit des Menschen lassen sich ziehen? Kann es für Demokrit eine Weiterexistenz nach dem Tod geben?

8 Von dem römischen Dichter Horaz stammt die Lebensregel: „Carpe diem!" (Pflücke den Tag!). Inwieweit könnte sie in Zusammenhang mit Demokrits Auffassung des Seins stehen?

Wissenschaft heute

■ Die heutige Naturwissenschaft vertritt die These, das Weltall sei in einer gewaltigen Explosion entstanden. Aus unvorstellbar heißer Energie habe sich in einem Urknall Materie gebildet und sei dann in den leeren Weltraum geschleudert worden. Dies sei auch der Anfang von Raum und Zeit gewesen. Aus naturwissenschaftlicher Sicht lässt sich die „Schöpfungsgeschichte" folglich so beschreiben:

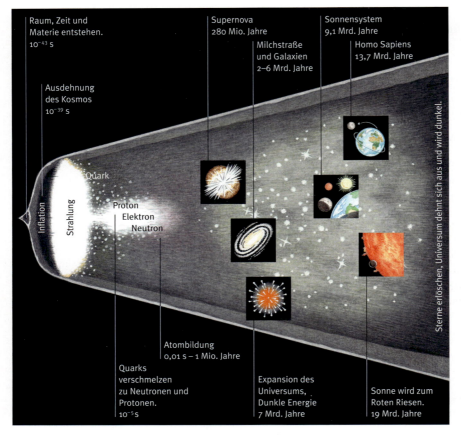

Der „Urknall": die Entstehung der Welt naturwissenschaftlich betrachtet.

„Am Anfang war der Urknall. Raum, Energie und Materie des Universums waren auf einen unendlich kleinen und heißen Punkt konzentriert.

In den ersten Bruchteilen einer Sekunde dehnte sich der Raum schlagartig exponentiell aus, wie ein Luftballon an der Heliumflasche.

Nach ein paar Minuten entstanden die ersten Atomkerne, nach 200 Mio. Jahren die ersten Sterne, nach 9,1 Mrd. Jahren unsere Sonne.

Nach 13,7 Milliarden Jahren trat der Mensch auf [...]. Seine Knochen Haut und Organe bestehen aus Atomen, die von den ersten Sternengenerationen ausgebrütet wurden.

Heute besteht das Universum zu 73 Prozent aus „Dunkler Energie" und zu 22 Prozent aus „Dunkler Materie", die beide nicht direkt sichtbar sind. Es dehnt sich immer schneller aus [...]."

Max Rauner
GEO, Nr. 33, S. 52/53

9 Vergleichen Sie die Erklärung der Entstehung der Welt im griechischen Mythos oder in der Bibel (Genesis 1–2, 4) mit der Urknalltheorie der heutigen Physik. Überlegen Sie auch Gemeinsamkeiten.

10 Beschreiben Sie den Unterschied der philosophischen Erklärungsmodelle und der mythischen Erzählungen über den Ursprung der Welt (vgl. S. 10/11). Was ist verloren gegangen, was wurde gewonnen?

11 Nicht wenige Naturwissenschaftler behaupten: „Wir sind nichts als Sternenstaub." Ergibt sich diese These zwingend aus den wissenschaftlichen Weltentstehungstheorien? Haben die Wissenschaften die Welt unwiderruflich entzaubert, wie der Soziologe Max Weber zu Beginn des 20. Jahrhunderts behauptete?

12 Diskutieren Sie, ob naturwissenschaftliche Theorien über die Entstehung der Welt auch etwas über den Sinn des menschlichen Lebens aussagen können.

„Wenn der Mensch diese Botschaft [der Wissenschaft] in ihrer vollen Bedeutung aufnimmt, dann muss er endlich aus seinem tausendjährigen Traum erwachen und seine totale Verlassenheit erkennen. Er weiß nun, dass er seinen Platz wie ein Zigeuner am Rande des Universums hat, das für seine Musik taub ist und gleichgültig gegen seine Hoffnungen, Leiden oder Verbrechen."
Jacques Monod
(1910–1976) franz. Biologe und Nobelpreisträger
(*Zufall und Notwendigkeit*. Piper: München 1971, S. 210f.)

1.6 Was heißt es zu philosophieren?

■ Die ersten Philosophen waren meistens zugleich Naturwissenschaftler und Mathematiker. Bis in die Gegenwart gibt es eine enge Verbindung zwischen der Philosophie und den Naturwissenschaften. Dennoch gibt es grundlegende Unterschiede im Zugriff auf die Welt, wie der amerikanische Philosoph Thomas Nagel (geb. 1937) im Folgenden ausführt:

M 12 Die Philosophie unterscheidet sich einerseits von den Naturwissenschaften und andererseits von der Mathematik. Im Unterschied zu den Naturwissenschaften stützt sie sich nicht auf Experimente und Beobachtungen, sondern allein auf das Denken. Im Unterschied zur Mathematik kennt sie keine formalen
5 Beweisverfahren. Man philosophiert einzig, indem man fragt, argumentiert, bestimmte Gedanken ausprobiert und mögliche Argumente gegen sie erwägt, und darüber nachdenkt, wie unsere Begriffe wirklich beschaffen sind.
Das Hauptanliegen der Philosophie besteht darin, sehr allgemeine Vorstellungen in Frage zu stellen und zu verstehen, die sich ein jeder von uns tagtäglich
10 macht, ohne über sie nachzudenken. Ein Historiker mag fragen, was in einem bestimmten Zeitraum der Vergangenheit geschah, doch ein Philosoph wird fragen: „Was ist die Zeit?" Ein Mathematiker wird das Verhältnis der Zahlen untereinander erforschen, doch ein Philosoph fragt: „Was ist eine Zahl?" Ein Physiker wird fragen, woraus die Atome bestehen und was für die Schwerkraft
15 verantwortlich ist, doch ein Philosoph wird fragen, woher wir wissen können, dass es außerhalb unseres eigenen Bewusstseins etwas gibt. Ein Psychologe mag untersuchen, wie ein Kind eine Sprache erlernt, doch ein Philosoph fragt eher: „Was ist dafür verantwortlich, dass ein Wort eine Bedeutung hat?" Jeder kann sich fragen, ob es unrecht ist, sich ohne eine Eintrittskarte ins Kino zu schlei-
20 chen, doch ein Philosoph wird fragen: „Was macht etwas zu einer rechten oder unrechten Handlung?"
Wir könnten unser Leben nicht führen, würden wir unsere Vorstellungen von der Zeit, den Zahlen, von Wissen, Sprache, Recht und Unrecht nicht die meiste Zeit unhinterfragt voraussetzen; in der Philosophie jedoch machen wir diese
25 Dinge zum Gegenstand der Untersuchung. Wir sind bemüht, unser Verständnis der Welt und unserer selbst ein Stück weit zu vertiefen. Dies ist offensichtlich nicht leicht. Je grundlegender die Ideen sind, die wir zu erforschen versuchen, um so weniger Werkzeug haben wir hierfür zur Verfügung. Nur weniges darf angenommen oder vorausgesetzt werden. Die Philosophie ist daher eine
30 etwas schwindelerregende Tätigkeit, und nur wenige ihrer Ergebnisse bleiben langfristig unangefochten.

Thomas Nagel
Was bedeutet das alles?
Reclam Verlag:
Ditzingen 2008, S. 6 f.

❶ Erschließen Sie den Text mithilfe der folgenden methodischen Hinweise.

METHODE

Philosophische Texte verstehen

Philosophische Texte gehören zu den Sachtexten. Während die meisten Sachtexte der Übermittlung von Informationen dienen, wird in philosophischen Texten i. Allg. ein Problem, z. B. was eigentlich Philosophie ist, untersucht, manchmal sogar gelöst. Das geschieht auf argumentative Weise, d. h. durch das Aufstellen von Behauptungen und ihre weitere Rechtfertigung durch Gründe (vgl. S. 112 f.). Weil sich das Argumentieren auf allgemeine Begriffe stützt, die zueinander in Beziehung gesetzt werden, sind diese die Bausteine philosophischer Texte.

Will man philosophische Texte verstehen, muss man ihre Argumentation erfassen. Dazu ist es zuerst nötig, das Problem oder die Frage(n) zu verstehen, die der Text untersucht. Philosophische Texte lassen sich leichter verstehen, wenn man sich schon einmal selbst über das behandelte Problem Gedanken gemacht hat – etwa im gemeinsamen Unterrichtsgespräch oder allein.

Verfahren zur eigentlichen Texterschließung:
- wiederholtes, auch lautes Lesen;
- Nach erster Lektüre Vermutung über die vom Text untersuchte Frage und ihre Beantwortung; dann genaue Analyse des Argumentationsganges; anschließend Überprüfung, ob die am Anfang formulierten Vermutungen zutreffen;
- Unterstreichen jeweils der Haupt- und Nebensätze und Formulieren des jeweiligen Satzsinnes in eigenen Worten, von Hauptsatz und Kernaussage ausgehend;
- farbliches Markieren von Schlüsselbegriffen, z. B. von entgegengesetzten Begriffen in unterschiedlichen Farben, und Umschreibung/Definition der Begriffe in eigenen Worten;
- unterschiedliches Markieren von Behauptungen, Begründungen, Veranschaulichungen, Schlussfolgerungen, Definitionen;
- Lektüre des Textes mit Hilfe von Verstehens- und Bewertungszeichen (z. B. ↓? (= unklar); ↓ (= klar, nachvollziehbar); ? (= Ablehnung); ! (= Zustimmung); + (= wichtige Aussage); − (= Nebengedanke);
- Untergliederung des Textes in Sinnabschnitte, die jeweils in eigenen Worten wiedergegeben werden oder deren Inhalt in einer Überschrift zusammengefasst wird;
- Kennzeichnen von Beziehungen zwischen verschiedenen Sinnabschnitten, Thesen, Argumenten oder zentralen Begriffen mit Pfeilen;
- Suchen von Beispielen zu abstrakten Begriffen, Thesen oder Argumenten;
- nach der Lektüre eines Textabschnittes Formulierung von Vermutungen über die gedankliche Weiterführung im nächsten Abschnitt und Vergleich mit der wirklichen Weiterführung.

Nutzen Sie die Methoden, die speziell Ihnen weiterhelfen, und treffen Sie Ihre Wahl auch abhängig von dem, was das Verstehen des jeweiligen Textes besonders erschwert, z. B. komplizierter Satzbau, abstrakte Begriffe, verschlungene Gedankenführung. Bleiben noch Verstehensprobleme, versuchen Sie deren Ursachen zu klären (z. B. fehlendes Wissen über die Thematik, unbekannte Wörter, ungewohnte Sprache, Unklarheit über den Inhalt abstrakter Begriffe (Vorsicht: Oft werden Begriffe aus der Alltagssprache in philosophischen Texten mit einer anderen Bedeutung verwendet!). Auf dieser Basis können Sie die verbliebenen Verstehensprobleme mithilfe von Lexika, Mitschülern oder Experten (z. B. Lehrer/in) gezielt bewältigen.

Zur Dokumentation des erreichten Textverständnisses ist es sinnvoll, eine Strukturskizze anzufertigen, in der – abhängig von der Textart – entweder die zentralen Begriffe zueinander in Beziehung gesetzt werden (sog. Begriffsnetz bzw. Mindmap) oder die Argumentation in ihrem gedanklichen Aufbau und ihrer Abfolge visualisiert wird (sog. Flussdiagramm).

2 Verdeutlichen Sie den Unterschied zwischen naturwissenschaftlicher und philosophischer Fragestellung an einem Beispiel, etwa der Frage nach dem Tod.

3 Prüfen Sie, ob und inwiefern es sich bei den Welterklärungsmodellen von Thales, Anaximandros, Heraklit und Demokrit um naturwissenschaftliche Modelle handelt. Auf welchen philosophischen Gedanken beruhen sie?

4 Erklären Sie mithilfe der abgedruckten Begriffskreise das Verhältnis von Naturwissenschaft, Mythos und Philosophie an der Frage nach dem Grund der Welt.

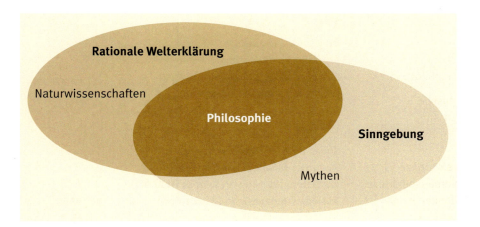

ZUSAMMENFASSUNG

▶ Die Frage nach dem Ursprung der Welt kann unterschiedlich verstanden werden. Mythische Erzählungen, naturwissenschaftliche und philosophische Theorien geben jeweils ihre eigenen Antworten. Die Mythen erzählen anschauliche und fantasievolle Geschichten. In ihnen wird der Beginn der Welt und ihre weitere Entwicklung auf göttliche Wesen zurückgeführt, die viele typisch menschliche Eigenschaften besitzen. Die naturwissenschaftlichen Theorien ermitteln ihre Antworten unter Einsatz des Verstandes auf der Grundlage von Fakten und Beobachtungen oder mit Hilfe mathematischer Berechnungen. Die Frage nach dem Sinn des menschlichen Lebens oder dem letzten Urgrund der Welt können sie damit allerdings nicht klären.

▶ Philosophische Theorien beziehen sich ebenfalls auf Fakten und Beobachtungen, hinterfragen diese aber – wie auch die mythischen Erzählungen – auf deren Sinn und Bedeutung für uns. Obwohl sie mit Hilfe der Vernunft auf argumentative Weise gewonnen werden, sind ihre Antworten viel weniger gewiss als die der Naturwissenschaften und der Mathematik. Woran das liegt und welche Wahrheiten hier dennoch entdeckt werden können, wird in den weiteren Teilen des Buches behandelt.

MEDIENTIPPS

Literaturhinweise

Gerhard Fink *Die schönsten Sagen der Antike.* Fischer Verlag: Frankfurt/Main 2002

Jostein Gaarder *Sofies Welt. Roman über die Geschichte der Philosophie.* Aus dem Norwegischen übersetzt von Gabriele Haefs. dtv: München 1998

Geo Wissen Nr. 33: *Urknall · Sterne · Leben. Die Geheimnisse des Universums.* Gruner + Jahr: Hamburg, März 2004

Denis Huisman *Philosophie für Einsteiger.* Rowohlt Verlag: Reinbek 1983 (12. Aufl. 2001)

Ralf Ludwig *Die Vorsokratiker für Anfänger.* Deutscher Taschenbuch Verlag München 2002

Thomas Nagel *Was bedeutet das alles? Eine ganz kurze Einführung in die Philosophie.* Aus dem Englischen übersetzt von Michael Gebauer. Reclam: Stuttgart 1990 und Ditzingen 2008

Richard Osborne *Philosophie. Eine Bildgeschichte für Einsteiger.* Aus dem Englischen übersetzt von Birger Brinkmeier. Wilhelm Fink Verlag: München 1996

Jens Soentken *Selbstdenken.* Peter Hammer Verlag: Wuppertal 2003

Jean-Pierre Vernant *Griechische Mythen neu erzählt.* Dumont Verlag: Köln 2004

Wilhelm Weischedel *Die philosophische Hintertreppe. 34 große Philosophen in Alltag und Denken.* dtv: München 1975 (36. Aufl. 2007)

Link

http://www.phillex.de/
Lexikon der Philosophie. Deutschsprachiges Online-Lexikon.
© Uwe Wiedemann (Chemnitz)

Filmtipp

Sofies Welt. Norwegen 1999.
Regie: **Erik Gustavson**.
Nach dem Roman von **Jostein Gaarder**.
Verleih: Constantin (112 Minuten)

2 Was kann ich wissen?
Einführung in die Erkenntnistheorie

Wie kommt die Welt in unseren Kopf?

1. Antwort: Der Naive Realismus – Wahrnehmung als Bild der Wirklichkeit

Täuschung der Wahrnehmung

Vorurteile und Wahrnehmung

Ordnen der Wahrnehmung

Zweifel am Naiven Realismus

Farben als Illusion

Aktivität/Selektivität der Wahrnehmung

Vorläufige Schussfolgerung: Wirklichkeit als Deutung der Wahrnehmung

v. Ditfurth: Wir sehen die Welt nicht, wie sie ist

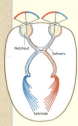

Russell: Was wir wahrnehmen, ist nicht die Wirklichkeit

Philosophische Positionen

2. Antwort: Wirklichkeit als subjektive Konstruktion (Radikaler Konstruktivismus)

3. Antwort: Erkenntnis als Leistung des Geistes (Descartes)

Maurits Cornelis Escher (1898–1972)

– Beschreiben Sie, was Sie an der Darstellung des Gebäudes irritiert.

– Warum kann es ein solches Gebäude in der Realität nicht geben?

2.1 Wie kommt die Welt eigentlich in unseren Kopf?

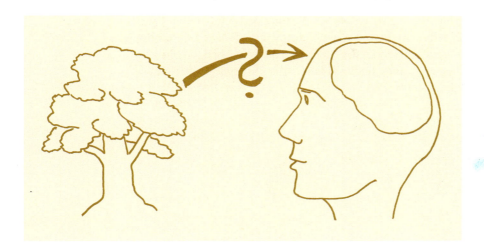

❶ Wie kommt die Welt in den Kopf? Wie entsteht unser Bild von der Welt? Stellen Sie in einer Skizze dar, wie Sie sich die Wahrnehmung eines Gegenstandes (z. B. eines Baumes) vorstellen. Sie können sich dabei an der obenstehenden Skizze orientieren oder auch eine ganz andere Form wählen. Vergleichen und diskutieren Sie Ihre unterschiedlichen Darstellungen.

2.2 Wahrnehmung als Bild der Wirklichkeit: der Naive Realismus

■ Eine naheliegende Antwort auf die Frage, wie unser Bild von der Welt entsteht, ist, sich die Wahrnehmung nach Art einer Kamera vorzustellen. Diese Vorstellung nennt man Abbildtheorie oder Naiven Realismus: „naiv" deshalb, weil sie meist dann vertreten wird, wenn man über diese Fragen noch nicht genauer nachgedacht hat und solches Nachdenken vielleicht sogar für eine überflüssige philosophische Spitzfindigkeit hält. Die Auffassung des Naiven Realismus lässt sich etwa so zusammenfassen:

M 13 Die Welt besteht aus Menschen, Tieren, Pflanzen und Gegenständen. Alle existieren unabhängig von uns in Raum und Zeit. Wir nehmen sie mit unseren Sinnesorganen so wahr, wie sie in Wirklichkeit sind. Wir erwerben unser Wissen über die Welt durch Beobachtung und Erfahrung. Dabei wird die Realität wie
5 beim Fotografieren durch die Sinne in unseren Geist projiziert. Im Erkenntnisvorgang nimmt der erkennende Mensch deshalb eine passive, die Gegenstände der Umgebung nehmen eine aktive Rolle ein. Wir können den Erkenntnisvorgang zwar insofern steuern, als wir unsere Aufmerksamkeit auf bestimmte Gegenstände oder Ereignisse richten; doch sobald wir einen Gegenstand
10 wahrnehmen, haben wir keinen Einfluss mehr auf das, was wir beobachten, er drängt sich uns auf.

Originalbeitrag Autorenteam

1 Diskutieren Sie, ob der Naive Realismus den Vorgang der Wahrnehmung richtig beschreibt.

2.3 Zweifel am Naiven Realismus

2.3.1 Falsche Wahrnehmung? – Optische Täuschungen

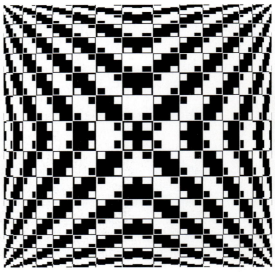

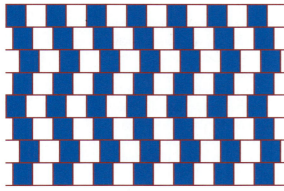 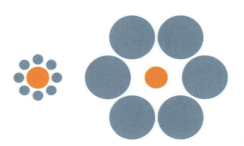

1 Beschreiben Sie, was Sie jeweils sehen (parallele/gerade Linien? – Größe der Figuren/Punkte? usw.) Überprüfen Sie dann, wie die Verhältnisse wirklich sind, und erklären Sie, worin die „optische Täuschung" besteht.
Versuchen Sie, die Entstehung der einzelnen Täuschungen zu erklären.

2 Könnten alle Ihre Wahrnehmungen das Ergebnis optischer Täuschungen sein? Beziehen Sie in Ihre Antwort die Überlegung von Descartes mit ein.

3 Hält man einen Stab in ein Glas Wasser, erscheint er geknickt.
Woher wissen Sie, dass er nicht wirklich geknickt ist? Beruht dieses Wissen nur auf Wahrnehmung, d. h., können Sie sehen, dass er nicht geknickt ist? (Woher wissen Sie z. B., dass er nicht seine Form verändert, wenn er ins Wasser eingetaucht wird?)
Sie könnten einwenden, dass Sie ja nachfühlen können, ob der Stab seine Form verändert. Woher wissen Sie aber, dass Ihr Tastsinn Sie nicht täuscht?

4 Welche Bedeutung hat das Phänomen der optischen Täuschungen für die naiv-realistische Ansicht von Wahrnehmung und Wirklichkeit?

„Alles [...], was ich bis heute als ganz wahr gelten ließ, empfing ich unmittelbar oder mittelbar von den Sinnen; diese aber habe ich bisweilen auf Täuschungen ertappt, und es ist eine Klugheitsregel, niemals denen volles Vertrauen zu schenken, die uns auch nur ein einziges Mal getäuscht haben."
René Descartes, französischer Philosoph (1596–1650). In: Meditationen über die Erste Philosophie. Übersetzt von Gerhart Schmidt. Reclam: Stuttgart 1986, S. 65

2.3.2 Vorurteile und Wahrnehmung

■ Nicht nur physikalisch erklärbare Phänomene wie optische Täuschungen, auch unser Vorverständnis bzw. unsere Vorurteile führen zu Verzerrungen und Fehlern in der Wahrnehmung. Das gilt bekanntlich für komplexe soziale Phänomene wie sog. Rassenvorurteile, aber auch schon die einfache Wahrnehmung natürlicher Erscheinungen kann von Vorurteilen beeinträchtigt sein. Dazu führt der Psychologe Paul Watzlawick (1921–2007) folgendes Beispiel an:

M 14 Gegen Ende der Fünfzigerjahre brach in der Stadt Seattle eine merkwürdige Epidemie aus: Immer mehr Autobesitzer mussten feststellen, dass ihre Windschutzscheiben von kleinen pocken- oder kraterähnlichen Kratzern übersät waren. Das Phänomen nahm so rasch überhand, dass Präsident Eisenhower
5 auf Wunsch Rosollinis, des Gouverneurs des Staates Washington, eine Gruppe von Sachverständigen des Bundeseichamtes zur Aufklärung des Rätsels nach Seattle entsandte. Laut Jackson, der den Verlauf der Untersuchung später zusammenfasste, fand diese Kommission sehr bald, dass unter den Einwohnern der Stadt zwei Theorien über die Windschutzscheiben im Umlauf waren. Auf-
10 grund der einen, der so genannten „Fallout"-Theorie, hatten kürzlich abgehaltene russische Atomtests die Atmosphäre verseucht, und der dadurch erzeugte radioaktive Niederschlag hatte sich in Seattles feuchtem Klima in einen glasätzenden Tau verwandelt. Die „Asphalttheoretiker" dagegen waren überzeugt, dass die langen Strecken frischasphaltierter Autobahnen, die Gouverneur
15 Rosollinis ehrgeiziges Straßenbauprogramm hervorgebracht hatte, wiederum unter dem Einfluss der sehr feuchten Atmosphäre Seattles, Säuretröpfchen gegen die bisher unversehrten Windschutzscheiben spritzten. Statt diese beiden Theorien zu untersuchen, konzentrierten sich die Männer des Eichamts auf einen viel greifbareren Sachverhalt und fanden, dass in ganz Seattle keiner-
20 lei Zunahme an zerkratzten Autoscheiben festzustellen war. In Wahrheit war es vielmehr zu einem Massenphänomen gekommen: Als sich die Berichte über pockennarbige Windschutzscheiben häuften, untersuchten immer mehr Autofahrer ihre Wagen. Die meisten taten dies, indem sie sich von außen über die Scheiben beugten und sie auf kürzeste Entfernung prüften, statt wie bisher von
25 innen und unter dem normalen Winkel durch die Scheiben durchzusehen. In diesem ungewöhnlichen Blickwinkel hoben sich die Kratzer klar ab, die normalerweise und auf jeden Fall bei einem in Gebrauch stehendem Wagen vorhanden sind. Was sich also in Seattle ergeben hatte, war keine Epidemie beschädigter, sondern angestarrter Windschutzscheiben.

Paul Watzlawick
Wie wirklich ist die Wirklichkeit? Piper: München 1991, S. 84

❶ Suchen Sie vergleichbare Beispiele zur Rolle von Vorurteilen für die Wahrnehmung.

❷ Ist immer feststellbar, was der wirkliche Sachverhalt unabhängig von Vorurteilen ist?

2.3.3 Aktiv oder passiv? – Kippbilder und selektive Wahrnehmung

■ Was sehen Sie?

Bewegt sich der Reiter auf uns zu oder von uns weg?

1 Woher wissen Sie jeweils, welches Bild das richtige ist?

2 Beschreiben Sie möglichst genau, was Sie tun, wenn Sie bei einem Kippbild von einer Sichtweise zur anderen wechseln? Welche Rolle spielt der menschliche Geist/Verstand dabei?

3 Einigen Sie sich mit einigen Mitschülern auf einen bestimmten Abschnitt Ihrer Umgebung, schauen Sie ihn kurz an und beschreiben ihn dann schriftlich aus dem Gedächtnis. Vergleichen Sie anschließend Ihre Beschreibungen. Haben Sie „das Gleiche" gesehen?

■ Wir bestimmen aktiv, was wir wahrnehmen: Wenn wir z. B. bei einem Kippbild einmal beide möglichen Sichtweisen kennen gelernt haben, entscheiden wir aktiv, welche wir jeweils einnehmen. Unsere Wahrnehmung ist auch sonst selektiv – das heißt, wir richten unsere Aufmerksamkeit auf bestimmte Teile unserer Umwelt und nehmen nur diese wahr: Man sieht nur, was man glaubt zu wissen.

4 Was ergibt sich aus der Selektivität der Wahrnehmung und der Möglichkeit von Kippbildern für unsere Vorstellungen von Wahrnehmung und Erkenntnis? Denken Sie dabei an die Auffassung des Naiven Realismus, unsere Wahrnehmung der Welt sei mit der Funktion einer Kamera vergleichbar.

2.3.4 Wahrnehmen: Auswählen und Erschaffen

1 Was sehen Sie?
Wenn Sie ein Dreieck „gesehen" haben, überlegen Sie: Was haben Sie wirklich gesehen?

2 Welche Figur ist in dem Bild versteckt?

3 Stellen Sie sich das Bild eines Baumes auf einer grünen Wiese vor. Was muss ich tun, um überhaupt einen Baum wahrzunehmen? Welche Information kann eine Kamera in diesem Fall bieten, welche nicht?

■ Wenn wir am Himmel Sternbilder oder in den verstreuten Punkten im zweiten Beispiel die Gestalt eines Hundes sehen, wird deutlich, dass wir hier Sinneseindrücke aktiv zu einer Gestalt ordnen. Dies tun wir in jeder Art von Wahrnehmung, indem wir z. B. einen Gegenstand aus einer Umgebung isolieren bzw. aus seinem Hintergrund herausheben, etwa die Gestalt des Baumes aus einer Menge von grünen Punkten.

2.3.5 Ist die Welt farbig? – Die Wahrnehmung von Farben

■ Optische Täuschungen, Kippbilder und viele andere Phänomene lassen es zweifelhaft erscheinen, dass Wahrnehmung im Sinne des Naiven Realismus als fotografische Abbildung der Realität verstanden werden kann. Diese Zweifel werden unterstützt von wissenschaftlichen Ergebnissen zur Sinneswahrnehmung.

Speziell für das Farbensehen gilt, dass wir zwischen der Farbwahrnehmung und ihrer physikalischen Grundlage unterscheiden müssen.

M 15 Die Welt an sich ist völlig farblos. Die sichtbare Welt besteht aus unbunter Materie und ebenfalls unbunten elektromagnetischen Schwingungen, die sich lediglich durch ihre Wellenlängen voneinander unterscheiden. […] Das bunte Aussehen kommt erst durch den physiologischen Prozess des Sehvorganges
5 zustande. Farberlebnis, Farbempfindung, existiert somit […] nur innerhalb des Gehirnes eines Individuums. Für den Betrachter sieht die Materie in ihren vielfältigen Erscheinungsformen deshalb verschiedenfarbig aus, weil sie entsprechend ihrer unterschiedlichen molekularen Konstruktion das auffallende Licht unterschiedlich absorbiert [verschluckt] bzw. remittiert [zurückstrahlt].
10 […]
Die rote Blüte und der grüne Stiel einer Tulpe unterscheiden sich durch den molekularen Aufbau der Gewebestruktur. So kommt es, dass die Blüte aus dem weißen Sonnenlicht den grünen Bereich absorbiert. Sie entzieht dem Sonnenlicht einen Teil der Energie und remittiert nur den nicht verwendeten Teil der
15 Strahlung, der für den Betrachter rot aussieht. […] Wenn keine sichtbaren elektromagnetischen Strahlungen vorhanden sind, kann es auch keine „Farbigkeit" geben. Ein blauer Teppich ist in einem völlig abgedunkelten Raum genauso unsichtbar wie eine rote Tomate oder eine weiße Maus. Er besitzt lediglich die Eigenschaft, bei einem bestimmten Licht blau auszusehen. […] Die Augen passen
20 sich nicht nur an die Helligkeit des Lichtes, sondern auch an die Lichtfarbe an. […] Wenn wir uns eine Zeitlang in einem Raum aufhalten, der mit Glühbirnen beleuchtet ist, empfinden wir das vorhandene Licht als weiß. Erst wenn wir weißes Licht daneben sehen, entdecken wir die gelbe Färbung des Glühlampenlichtes. […] Das Auge gewöhnt sich auch schnell an die Färbung einer
25 gelben Schneebrille […]. Nach kurzer Zeit ist man gar nicht mehr in der Lage, irgendwelche Farbunterschiede zum normalen Sehen zu erkennen.

Harald Küppers
Farbe. Ursprung, Systematik, Anwendung.
Callwey: München
³1977, S. 23, 40

■ Darüber hinaus gibt es auch keine eindeutige Beziehung zwischen den physikalischen Eigenschaften, also den Wellenlängen des von einem Gegenstand reflektierten Lichts, und der subjektiven Empfindung, also der wahrgenommenen Farbe des Gegenstandes.

M 16 Wird […] ein Farbdiapositiv, das ein Mädchen in einem blauen Kleid zeigt, auf eine gelbe Leinwand geworfen, erscheint einem normalsichtigen Betrachter das Kleid grau. […] Wenn man aber dieses Bild zuerst auf einer weißen Leinwand zeigt, so dass der Betrachter die „wahre" Farbe des Kleides sehen kann, wird er
5 es auch weiterhin als blau wahrnehmen, auch wenn das Dia auf die gelbe Leinwand projiziert wird. […] Der Mensch neigt dazu, ihm vertraute Gegenstände auch unter verschiedenen Lichtverhältnissen immer in gleicher Farbgebung wahrzunehmen. Dem Besitzer eines blauen Autos erscheint dieses immer als blau, ob das Licht trübe oder hell ist, ob das Auto unter einer gelben Straßen-
10 laterne steht oder in den Schein eines roten Sonnenunterganges getaucht ist.

Conrad G. Mueller, Mae Rudolph
Licht und Sehen.
TIME-LIFE-Sachbuch. Übersetzt von Doris Dresler u. Irina Zivian. Rowohlt: Reinbek 1969, S. 114

① Erläutern Sie, inwiefern Farbe keine Eigenschaft der Dinge ist, und überlegen Sie, auf welche anderen Eigenschaften sich diese Überlegung übertragen lässt (Geruch? Größe? ...).

② Welche Folgerungen für die Rolle des Gehirns bei der Wahrnehmung ergeben sich aus der Tatsache, dass wir die Farbe eines Gegenstands beim Wechsel der Lichtverhältnisse als gleich wahrnehmen?

Erörtern Sie die Konsequenzen, die sich aus dieser Tatsache und den Ergebnissen zum Farbsehen allgemein für die Erkenntnistheorie und speziell für den Naiven Realismus ergeben.

Die blau und grün erscheinenden Flächen haben in Wirklichkeit die gleiche Farbe.

2.3.6 Die Wahrnehmung von Zeit und Raum

■ Unsere Vorstellung von der Wirklichkeit entsteht durch die aktive Deutung der Sinneseindrücke, durch die wir unsere Wahrnehmungen zu einem Bild der Welt ordnen. Diese Ordnung ist auch abhängig davon, wie wir Zeit und Raum wahrnehmen. Dies zeigt z. B. das folgende Gedankenexperiment:

Wir stellen uns vor, unser Leben mit allen seinen Vorgängen (Herzschlag, Atmung etc.) würde 1000mal so schnell ablaufen, während die übrigen Naturvorgänge unverändert blieben. Das würde u. a. bedeuten, dass wir in der gleichen Zeit 1000mal so viele Wahrnehmungen machen und alle Vorgänge in Zeitlupe sehen würden – wie eine (analoge) Filmkamera, die 1000mal so viele Bilder pro Sekunde aufnimmt (und sie dann mit normaler Geschwindigkeit abspielt). Der Naturforscher Karl Ernst von Baer (1792–1876) beschreibt einige der Konsequenzen:

M 17 Denken wir uns einmal, der Lebenslauf des Menschen verliefe viel rascher, als er wirklich verläuft, so werden wir bald finden, dass ihm alle Naturverhältnisse ganz anders erscheinen würden. […] Denken wir uns einmal, sein Leben wäre auf den tausendstel Teil beschränkt. […]. Er soll aber nichts von seinem innern
5 Leben dabei verlieren, und sein Pulsschlag soll 1000mal so schnell sein, als er jetzt ist. Er soll die Fähigkeit haben, wie wir, in dem Zeitraum von einem Pulsschlag zum anderen 6–10 sinnliche Wahrnehmungen aufzufassen. Er würde gar manches sehen, was wir nicht sehen. Er würde z. B. einer ihm vorbeifliegenden Flintenkugel, die wir nicht sehen, […] mit seinen Augen und ihrer raschen
10 Auffassung sehr leicht folgen können. Aber wie anders würde ihm die gesamte Natur erscheinen, die wir in ihren wirklich bestehenden Zeitmaßen lassen … „Da ist ein herrliches leuchtendes Gestirn am Himmel", würde er in seinem Alter sagen, „das sich erhebt und wieder senkt und dann längere Zeit wegbleibt, aber später doch immer wiederkommt …"

Karl Ernst von Baer
Reden.
In: Hans-Ludwig Freese: *Abenteuer im Kopf. Philosophische Gedankenexperimente.* Beltz-Quadriga: Weinheim 1995, S. 44 f.

1 Führen Sie das Gedankenexperiment weiter:
- Wie lang würden wir leben, wenn wir sehr alt würden?
- Würde uns unser Leben kürzer vorkommen?
- Wie würden wir Tage, Mondphasen, Jahreszeiten etc. wahrnehmen
- …?

2 Was hätte es für Folgen, wenn unser Leben stattdessen um das Hundertfache länger wäre und die übrigen Naturvorgänge auch wieder unverändert blieben?

METHODE

Mit Gedanken experimentieren

Eine wichtige Methode der Philosophie ist das Experimentieren mit Gedanken: Wir stellen uns eine „Versuchsanordnung" vor, in der die normalen Verhältnisse auf eine ungewöhnliche, unwahrscheinliche oder sogar irreale Weise verändert sind, und untersuchen rein gedanklich, was sich aus dieser Versuchsanordnung ergeben würde. So nehmen wir z. B. an, unser Leben verliefe schneller (vgl. oben Aufgabe 1) und überlegen, was daraus für unsere Wahrnehmung der Welt folgen würde. Diese Überlegungen sind rein fiktiv; während im naturwissenschaftlichen Experiment eine Hypothese über die reale Welt überprüft wird, geht es beim Gedankenexperiment darum, durch rein hypothetische Überlegungen einen philosophischen Gedanken zu untersuchen. Dieses kann verschiedene Ziele haben:

- Jemand möchte eine bestimmte Vorstellung genauer klären, z. B. die der Zeit im o. a. Experiment; dazu kann man auch vertraute Vorstellungen von einem ganz anderen Blickwinkel (etwa dem eines Fremden oder eines Außerirdischen) betrachten.
- Jemand möchte bestimmte Ideen erst entwickeln, wenn man sich z. B. vorstellt, man würde eine Gesellschaft neu gründen, um so die Grundregeln für das menschliche Zusammenleben zu entwickeln.
- Jemand möchte eine philosophische These beweisen oder widerlegen; man stellt sich z. B. vor, was jemand tun würde, der unsichtbar sein könnte, um zu zeigen, dass Menschen nur durch Kontrolle davon abgehalten werden, Böses zu tun.

In der Geschichte der Philosophie sind viele Gedankenexperimente entwickelt worden und man kann sie sich auch selbst ausdenken. Wir gehen dabei folgendermaßen vor:

- Wir beschreiben die Ausgangsbedingungen für das Experiment (mit Formulierungen wie „Stellen wir uns vor …" oder „Nehmen wir einmal an …") – oder untersuchen die Bedingungen eines vorgegebenen Experiments. Diese Ausgangsbedingungen dürfen unwahrscheinlich und sogar real unmöglich sein, man muss sie sich jedoch ohne Widerspruch denken bzw. vorstellen können.
- Wir spielen die Konsequenzen aus diesen Bedingungen durch.
- Wir überlegen, was sich daraus für die untersuchte philosophische Fragestellung ergibt.

■ Nicht nur unsere Zeitwahrnehmung, auch unsere Raumwahrnehmung ist von ganz bestimmten Bedingungen abhängig, z. B. von der Vorstellung, dass der Raum drei Dimensionen hat. Dies zeigt sich im folgenden Gedankenexperiment:

Stellen Sie sich vor, Sie seien ein zweidimensionales „Flachwesen" – vergleichbar völlig platten Blättern auf der Oberfläche eines Sees – und könnten nur zwei Dimensionen wahrnehmen.

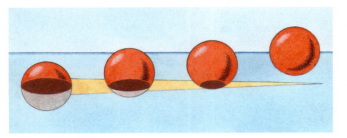 

❸ Wie würden Sie eine Kugel wahrnehmen, die sich ihrer Flächenwelt von „oben" nähert und sie nach „unten" wieder verlässt?

❹ Was würden Sie denken, wenn ein anderes Wesen von oben Ihr – verschlossenes – Haus betritt?

■ Wir schaffen uns ein Bild der Welt, indem wir unsere Wahrnehmungen ordnen – vor allem nach bestimmten Vorstellungen über Zeit und Raum. Die Erklärung des Naiven Realismus, dieses Bild entstehe durch die passive Aufnahme von Sinneseindrücken, ist unbefriedigend. Naturwissenschaftler und Philosophen haben versucht, das Verhältnis von Wahrnehmung und Wirklichkeit genauer zu bestimmen.

2.4 Hoimar von Ditfurth: Wir sehen die Welt nicht, wie sie ist

❶ Wäre es im Weltraum dunkel, wenn es keine Augen gäbe? Beziehen Sie in Ihre Überlegungen dazu ein, was Sie über die Farbwahrnehmung erfahren haben.

■ Ausgehend von dieser Frage erörtert der Wissenschaftler Hoimar von Ditfurth (1921–1989), wie wir denn von unseren Sinneseindrücken zu unserem Bild der Welt gelangen. Er geht dabei im Folgenden zunächst auf die biologischen Grundlagen des Sehens ein und kommt von da aus zu philosophischen Problemen.

Vor einigen Jahren stellte mir jemand die Frage, ob es eigentlich dunkel im Kosmos werde, wenn alle Augen verschwänden. Fragen dieser Art stehen am Anfang aller erkenntnistheoretischen Überlegungen. „Hell" und „dunkel" sind, wie jeder feststellen kann, der sich die Mühe macht darüber nachzudenken, nicht Eigenschaften der Welt, sondern „Seherlebnisse": Wahrnehmungen, die entstehen, wenn elektromagnetische Wellen bestimmter Länge – zwischen 400 und 700 Millionstel Millimeter – auf die Netzhaut von Augen fallen. […]

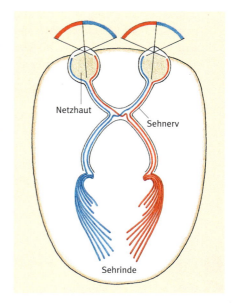

Selbstverständlich genügt es zur Entstehung des Seheindrucks nicht, dass Wellen den Augenhintergrund erreichen, die jene Länge haben, auf die Netzhautzellen ansprechen. Eine weitere Voraussetzung besteht darin, dass sie von dort aus weitergeleitet werden an das Gehirn, und zwar an einen ganz bestimmten, im Bereich des Hinterkopfes gelegenen Bezirk der Großhirnrinde, die so genannte „Sehrinde". Nach allem, was wir wissen, sind die sich in der hier gelegenen, nur wenige Millimeter dicken Nervenzellschicht abspielenden elektrischen und chemischen Prozesse die „Endstation" der körperlichen Vorgänge, die unseren optischen Erlebnissen zugrunde liegen.

Was dort geschieht, wenn die Augenlinse ein Abbild der Außenwelt auf die Netzhaut wirft, das diese in eine Unzahl komplizierter Nervenimpulse zerlegt und an den Sehnerv weiterreicht, wird zwar seit einigen Jahrzehnten mit ausgeklügelten Methoden untersucht. […]. Die entscheidenden Vorgänge liegen aber nach wie vor im Dunkeln. Dunkel im wörtlichen Sinne bleibt es übrigens auch in der Sehrinde, wenn wir etwas sehen. Dort entsteht auch nicht etwa ein Bild. (Wer sollte es dort schon betrachten?) Die Art und Weise, in der die Sehrinde die ihr vom Sehnerv übermittelten elektrischen Impulse verarbeitet, hat mit einem Abbild nicht mehr die geringste Ähnlichkeit. Die Verbindung gar, die zwischen diesen chemischen und elektrischen Vorgängen und dem optischen Erlebnis besteht – bestehen muss, denn das eine hängt nachweislich vom anderen ab –, bleibt absolut geheimnisvoll.

Auf dem ganzen Wege also, der zwischen Netzhaut und Sehrinde liegt, wird es nicht hell, auch nicht in der „Endstation". „Hell" ist erst das optische Erlebnis hinter jener rätselhaft bleibenden Grenze, die körperliche Vorgänge und psychische Erlebnisse für unser Begriffsvermögen voneinander trennt. Hell ist es daher auch nicht in der Außenwelt, nicht im Kosmos, und zwar unabhängig davon, ob es Augen gibt oder nicht.

Ist der Kosmos in Wahrheit also dunkel? […] Auch das scheidet aus. Das Eigenschaftswort „dunkel" nämlich bezieht sich aus den gleichen Gründen nicht auf eine Eigenschaft der Außenwelt, sondern beschreibt ebenfalls ausschließlich ein Seherlebnis. […]

Man sieht, die scheinbar so simple Frage, ob es in der Welt ohne Augen dunkel wäre, hat es in sich. Wie beiläufig sind wir bei ihrer Erörterung auf alle wesent-

Die Hirnforschung hat seit der Veröffentlichung dieses Textes große Fortschritte gemacht. Das Erlebnis des Sehens kann sie jedoch bis heute nicht rein biologisch erklären.

lichen Voraussetzungen der Problematik der so genannten Erkenntnistheorie gestoßen. Wir haben, erstens, angenommen, dass es außerhalb des Erlebens eine reale Außenwelt tatsächlich gibt. Wir stellten, zweitens, fest, dass das, was wir erleben, nicht ohne weiteres als reale Eigenschaft dieser Außenwelt anzusehen ist. […]

Selbst der […] Ausschnitt der Außenwelt, den wir überhaupt erfassen können, wird uns von unseren Sinnesorganen und unserem Gehirn nun keineswegs etwa so vermittelt, „wie er ist". In keinem Fall ist das, was in unserem Erleben sichtlich auftaucht, etwa ein getreues „Abbild". Auch das wenige, was wir überhaupt wahrnehmen, gelangt vielmehr nicht ohne komplizierte und im Einzelnen völlig undurchschaubar bleibende Verarbeitung in unser Bewusstsein. Unsere Sinnesorgane bilden die Welt nicht etwa für uns ab. Sie legen sie für uns aus. Der Unterschied ist fundamental.

Hoimar von Ditfurth
Wir sind nicht von dieser Welt. Hoffmann und Campe Verlag: Hamburg 1981, S. 153–155

2 Informieren Sie sich über die physiologischen Grundlagen des Sehens.

3 Erläutern Sie von Ditfurths Unterscheidung zwischen dem Seherlebnis und dem zugrunde liegenden physiologischen Prozess, indem Sie unterschiedliche Aspekte des Sehens (Helligkeit, Farben, Bild, chemische Prozesse, Wellenlängen, Lichtstärke etc.) jeweils einem der beiden Vorgänge zuordnen.

4 Warum erscheint in der Sehrinde kein Bild? Warum kann unsere Wahrnehmung nicht nach Art einer Kamera vor sich gehen?

2.5 Bertrand Russell: Was wir wahrnehmen, ist nicht die Wirklichkeit

1 Verteilen Sie sich um einen der Tische im Klassenraum, betrachten Sie den Tisch ganz genau und notieren Sie, welche (geometrische) Form (und evtl. welche Farbe) Sie von Ihrer Position aus jeweils wahrnehmen.

■ Ausgehend von einem alltäglichen Beispiel, der Wahrnehmung eines Tisches, untersucht der englische Philosoph Bertrand Russell (1877–1970) die grundsätzliche philosophische Frage, was wir – ganz unabhängig von einer biologischen Untersuchung der Sinneswahrnehmung – mit Hilfe der Sinne überhaupt von der Welt wissen können.

Für gewöhnlich halten wir viele Dinge für sicher und gewiss, an denen bei näherem Zusehen so viele Widersprüche sichtbar werden, dass wir lange nachdenken müssen, bevor wir wissen, was wir glauben dürfen. […]

Um uns die auftauchenden Schwierigkeiten deutlich zu machen, wollen wir unsere Aufmerksamkeit auf den Tisch richten. Dem Auge erscheint er viereckig, braun und glänzend, dem Tastsinn glatt und kühl und hart; wenn ich auf ihn klopfe, klingt es nach Holz. Jedermann, der den Tisch sieht, befühlt und beklopft, wird meiner Beschreibung zustimmen, sodass es auf den ersten Blick aussieht, als ob es gar keine Schwierigkeiten gäbe. Sie fangen erst an, wenn wir genauer zu sein versuchen: Obwohl ich glaube, dass der Tisch „in Wirklichkeit" überall die gleiche Farbe hat, sehen die Stellen, die das Licht reflektieren, viel heller aus als die übrigen, einige Stellen erscheinen infolge des reflektierten Lichts sogar weiß. Ich weiß, dass andere Stellen das Licht reflektieren werden, wenn ich mich bewege; die scheinbare Verteilung der Farben auf dem Tisch wird sich bei jeder Bewegung, die ich mache, verändern. Es folgt, dass, wenn mehrere Leute den Tisch gleichzeitig betrachten, keine zwei genau dieselbe Farbverteilung sehen werden, weil ihn keine zwei von genau demselben Punkt aus betrachten können und weil jede Veränderung des Blickpunkts auch eine Verschiebung der reflektierenden Stellen mit sich bringt. […]

Mit der *Gestalt* des Tisches steht es nicht besser. Wir haben alle die Gewohnheit, Urteile über die „wirkliche" Gestalt von Dingen abzugeben, und wir tun das so gedankenlos, dass wir uns einbilden, wir sähen tatsächlich die wirklichen Gestalten. Aber wenn wir versuchen, etwas zu zeichnen, müssen wir alle lernen, dass ein bestimmter Gegenstand von jedem Blickpunkt aus eine andere Gestalt hat. Wenn unser Tisch „in Wirklichkeit" rechtwinklig ist, wird es von fast allen Blickpunkten aus so erscheinen, als ob seine Platte zwei spitze und zwei stumpfe Winkel hätte. Wenn gegenüberliegende Seiten parallel sind, werden sie anscheinend in einem Punkt in der dem Betrachter entgegengesetzten Richtung zusammenlaufen; wenn sie gleich lang sind, wird es so aussehen, als ob die nähere Seite länger wäre. All diese Dinge bemerkt man normalerweise nicht, wenn man einen Tisch betrachtet, weil die Erfahrung uns gelehrt hat, die „wirkliche" Gestalt aus der erscheinenden zu konstruieren, und die „wirkliche" Gestalt ist die, die uns in der Praxis interessiert. […] Ähnliche Schwierigkeiten ergeben sich für den Tastsinn. Zwar haben wir immer eine Empfindung von der Härte des Tisches, und wir fühlen, wie er unserem Druck widersteht. Aber was wir im Einzelnen für eine Empfindung haben, hängt davon ab, wie stark wir auf den Tisch drücken und mit welchem Teil unseres Körpers wir das tun; daher können wir nicht annehmen, dass die verschiedenen Empfindungen, die durch verschieden starken Druck in verschiedenen Teilen unseres Körpers hervorgerufen werden, uns *unmittelbar* eine bestimmte Eigenschaft des Tisches enthüllen; sie sind höchstens *Zeichen* einer Eigenschaft, die vielleicht all diese Empfindungen *verursacht*, aber nicht selbst in einer von ihnen erscheint. […]

Es ist daher einleuchtend, dass der „wirkliche" Tisch – wenn es ihn gibt – nicht der ist, den wir durch unseren Gesichts- oder Tastsinn oder durch das Gehör unmittelbar wahrnehmen. Der wirkliche Tisch – wenn es einen gibt – ist uns

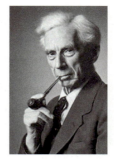

Bertrand Russell
(1877–1970)

überhaupt nicht *unmittelbar* bekannt, sondern muss etwas sein, das aus dem uns unmittelbar Bekannten erschlossen worden ist. […] So viel ist klar: wenn wir etwas über den Tisch wissen, muss dies vermittels der Sinnesdaten – braune Farbe, rechteckige Fläche, Glätte usw. –, die wir im Zusammenhang mit dem Tisch haben, zustande kommen; aber aus den angeführten Gründen können wir nicht sagen, der Tisch wäre *dasselbe* wie die Sinnesdaten, oder auch nur, dass die Sinnesdaten unmittelbar Eigenschaften des Tisches wären.

Bertrand Russell *Probleme der Philosophie.* Übersetzt von Eberhard Bubser. Suhrkamp: Frankfurt/M. 1967, S. 9–13 (Home University Library 1912)

2 Vollziehen Sie die Überlegungen von Russell an den Tischen im Klassenraum nach. Welche Operationen könnte man z. B. mit diesen Tischen vollziehen, um ihre „wirkliche" rechtwinklige Gestalt zu ermitteln?

3 Wie bestimmt Russell im Text den „wirklichen" Gegenstand im Gegensatz zum unmittelbar wahrgenommenen? Wie erkennen wir den „wirklichen" Gegenstand?

4 Legen Sie die Problemstellung und die zentrale These des Textes von Russell dar und erarbeiten Sie seine Argumentation. Orientieren Sie sich dabei an der im Methodenkasten „Texte analysieren bzw. interpretieren" gegebenen Anleitung und übernehmen Sie – wenn Sie möchten – den dort abgedruckten ersten Teil der beispielhaften Bearbeitung.

Vgl. S. 45, Punkt D.

METHODE

Eine philosophischen Text analysieren und interpretieren

Wenn Sie einen philosophischen Text verstanden haben und seinen Inhalt darstellen wollen, sollten Sie ihn nicht „nacherzählen", sondern eine strukturierte Darstellung des Textes geben und seinen argumentativen Aufbau herausarbeiten. Es muss für den Leser klar werden, dass Sie nicht der Verfasser oder die Verfasserin des Textes sind, sondern eine fremde Position vorstellen. Wie gehen Sie dabei am besten vor?

A. Allgemeine Vorgehensweise:

1. Erschließung des Textes: Markieren von Schlüsselbegriffen, Thesen, Argumenten, Gliedern nach Sinnabschnitten etc. (vgl. Methode „Philosophische Texte verstehen", S. 26);
2. Erstellen einer Gliederung (z. B.: „Inhaltlicher Aufbau der Analyse");
3. Formulierung der Textanalyse unter Beachtung der Hinweise zur „sprachlichen Form" (C).

B. Inhaltlicher Aufbau der Textanalyse

1. Einleitung: Angabe von Autor, Titel und Quelle, aus welcher der Text entnommen wurde.
2. Hauptteil:
   ▶ Darstellung des Anliegens bzw. der dem Text zugrunde liegenden Problemstellung;
   ▶ Darstellung der zentralen Aussage/These/Behauptung des Textes (als Antwort auf die Problemstellung);
   ▶ Erarbeitung der Argumentation bzw. des Gedankengangs des Textes (vgl. auch Methode „Philosophisch argumentieren und urteilen", S. 130 f.);
   [3. Schluss: evtl. Zusammenfassung]

C. Sprachliche Form:

- Distanz zum Text, z. B. durch „indirekte Rede" (Konjunktiv!) und/oder durch Formulierungen wie: „nach A"; „A behauptet, dass XY so sei" usw. (statt: „XY ist so");
- Darstellung der argumentativen Struktur des Textes:
    - → Thesen (Satz, Aussage, Behauptung);
    - → Argumente (Begründungen), Schlussfolgerungen;
    - → Beispiele (Veranschaulichungen), Erfahrungen, Fakten;
    - → Kritik/Referat/Erläuterung einer anderen Position;

unter Verwendung spezieller (so genannter performativer) Verben wie

- → behaupten, feststellen, erläutern, definieren, erklären, vermuten, diskutieren, eine Hypothese aufstellen, eine These vertreten, analysieren, abwägen, zusammenfassen;
- → begründen, erörtern, folgern, beweisen, schließen, rechtfertigen, ableiten, widerlegen;
- → (an einem Beispiel) veranschaulichen, (mit Fakten/Erfahrungen) belegen;
- → referieren, zitieren, interpretieren, bewerten, einwenden, verweisen, kritisieren;

d. h. durch Formulierungen wie z. B.: „A vertritt These X, führt dazu Argument Y an, gibt Beispiel Z" usw. (statt „weiter sagt A, außerdem meint A"), wobei stets der Inhalt genannt werden muss, auf den sich das jeweilige Verb bezieht („A gibt ein Beispiel" genügt nicht, das Beispiel muss auch genannt werden).

- Zitieren entscheidender Textstellen (weniger zentrale Aussagen in indirekter Rede oder mit eigenen Worten wiedergeben).

D. Ein Beispiel:

Der vorliegende Text ist ein Auszug aus „Probleme der Philosophie" von Bertrand Russell, 1912 im Original veröffentlicht. Er untersucht die Frage, ob wir das, was wir gewöhnlich für sicher halten, wirklich wissen können. Russell entwickelt die These, dass wir einen Gegenstand durch unsere Sinneseindrücke nicht unmittelbar erkennen, sondern nur aus ihnen erschließen können.

Russell erläutert diese These am Beispiel der Wahrnehmung eines Tisches: Wenn man den Tisch nicht näher untersuche, könne man meinen, ihn allein durch die Sinneseindrücke erkennen zu können. Erst wenn man näher hinsehe, würden die Schwierigkeiten deutlich. Obwohl wir glauben, die Oberfläche habe überall die gleiche Farbe, ließen die Reflexionen des Lichts sie für jeden, der sie betrachtet, unterschiedlich erscheinen, „die [...] Verteilung der Farben auf dem Tisch wird sich bei jeder Bewegung [des Beobachters] verändern." (Zeilen 14/15)

Das Gleiche zeigt Russell für die Form des Tisches. Auch wenn er unserer Meinung nach rechteckig sei, so widerspräche dies der tatsächlichen Wahrnehmung des Tisches; man sähe zum Beispiel [...].

Lukas Birr Gesamtschule Bonn-Beuel (2009)

2.6 Die Welt als Konstruktion – der Radikale Konstruktivismus

■ In von Ditfurths und Russells Überlegungen wurde deutlich, dass unser Bild der Welt kein Abbild ist, sondern aus der Deutung unserer Sinneseindrücke entsteht. Das führt zu der Frage, ob wir denn überhaupt ein wahres Bild der Welt erhalten können. Schon im alten Griechenland vertraten einige Philosophen hier eine sehr skeptische Position. Gestützt auf die Ergebnisse der modernen Sinnesphysiologie nahm im 20. Jahrhundert eine Gruppe von Wissenschaftlern diese Zweifel wieder auf und entwickelte den so genannten Radikalen Konstruktivismus. Der Konstruktivismus geht davon aus, dass wir kein direktes Wissen von der Welt haben, sondern nur unsere Sinneseindrücke. Aus ihnen konstruiert sich jeder von uns sein eigenes Bild von der Welt; ob dies ein wahres Bild ist, kann er nicht feststellen. Ein Vertreter des Konstruktivismus, der Psychologe Paul Watzlawick (1921–2007), erläutert diesen Ansatz mit folgendem Vergleich:

M 20

Ein Kapitän, der in dunkler, stürmischer Nacht eine Meeresenge durchsteuern muss, deren Beschaffenheit er nicht kennt, für die keine Seekarte besteht und die keine Leuchtfeuer oder andere Navigationshilfen besitzt, wird entweder scheitern oder jenseits der Meeresenge wohlbehalten das sichere, offene Meer
5 wiedergewinnen. Rennt er auf die Klippen auf und verliert Schiff und Leben, so beweist sein Scheitern, dass der von ihm gewählte Kurs nicht der richtige Kurs durch die Enge war. Er hat sozusagen erfahren, wie die Durchfahrt *nicht* ist. Kommt er dagegen heil durch die Enge, so beweist dies nur, dass sein Kurs im buchstäblichen Sinne nirgends anstieß. Darüber hinaus aber lehrt ihn sein
10 Erfolg nichts über die wahre Beschaffenheit der Meeresenge; nichts darüber, wie sicher oder wie nahe an der Katastrophe er in jedem Augenblicke war: Er passierte die Enge wie ein Blinder.
Sein Kurs passte in die ihm unbekannten Gegebenheiten; er stimmte deswegen aber nicht, wenn mit stimmen […] gemeint ist, […] dass der gesteuerte
15 Kurs der wirklichen Natur der Enge entspricht. Man kann sich leicht vorstellen, dass die wahre Beschaffenheit der Meeresenge vielleicht wesentlich kürzere, sicherere Durchfahrten ermöglicht.

Paul Watzlawick
Einleitung. In: Ders. [Hrsg.]: *Die erfundene Wirklichkeit.* Piper: München 1981, S. 14

1 Skizzieren Sie
– das Bild einer Meerenge mit mehreren möglichen Kursen für die Durchfahrt;
– das Bild, das der Kapitän nach der erfolgreichen Durchfahrt auf diesen Kursen von der Meerenge hat.

■ Im folgenden Text stellt der konstruktivistische Philosoph Ernst von Glasersfeld (geb. 1917) den im Bild der Meerenge veranschaulichten Ansatz dar:

M 21 Der radikale Konstruktivismus setzt sich ausdrücklich von [der] Annahme ab [dass der Mensch eine von ihm unabhängige Welt erkennen könne]. Da Wissen für den Konstruktivisten nie Bild oder Widerspiegelung der Wirklichkeit darstellt, sondern stets nur einen möglichen Weg, um zwischen den „Gegenständen" durchzukommen, schließt das Finden eines befriedigenden Wegs nie aus,
5 dass da andere befriedigende Wege gefunden werden können. Darum kann, vom konstruktivistischen Gesichtspunkt aus, auch nie ein bestimmter gangbarer Weg, eine bestimmte Lösung eines Problems oder eine bestimmte Vorstellung von einem Sachverhalt als die objektiv richtige oder wahre bezeichnet
10 werden. […]

Ganz allgemein betrachtet ist unser Wissen brauchbar, relevant, lebensfähig, […] wenn es der Erfahrungswelt standhält und uns befähigt, Vorhersagen zu machen. […] Wenn nun so eine kognitive Struktur [eine Vorstellung von der Welt] bis heute standgehalten hat, so beweist das nicht mehr und nicht weniger
15 als eben, dass sie unter den Umständen, die wir erlebt haben, das geleistet hat, was wir von ihr erwarteten. Logisch betrachtet heißt das aber keineswegs, dass wir nun wissen, wie die objektive Welt beschaffen ist; es heißt lediglich, dass wir *einen* gangbaren Weg zu einem Ziel wissen […]. Es sagt uns nichts – und kann uns nichts darüber sagen – wie viele andere Wege es da geben mag und wie das
20 Erlebnis, das wir als Ziel betrachten, mit einer Welt jenseits unserer Erfahrung zusammenhängt.

Ernst von Glasersfeld
Konstruktion der Wirklichkeit und des Begriffs der Objektivität.
In: Heinz Gummin/Heinrich Meier [Hrsg.]: *Einführung in den Konstruktivismus.* Piper: München 1992, S. 31 f.

Ernst von Glasersfeld
Einführung in den radikalen Konstruktivismus.
In: Paul Watzlawick [Hrsg.]: *Die erfundene Wirklichkeit.* Piper: München 1981, S. 22 f.

2 Erläutern Sie den Unterschied zwischen der Erkenntnis einer „objektiven" Wirklichkeit und dem brauchbaren Wissen beim Konstruktivismus. Inwiefern vermeidet der Radikale Konstruktivismus die Probleme des Naiven Realismus?

3 Die traditionelle Vorstellung von Wahrheit ist, dass das wahr ist, was mit der Wirklichkeit übereinstimmt. Wodurch ersetzt Ernst von Glasersfeld diese Vorstellung und warum kann es für ihn auch mehrere „richtige" Wege geben?

4 Halten Sie die Position des Radikalen Konstruktivismus für überzeugend? Diskutieren Sie die These: „Die Wirklichkeit ist nur unsere Konstruktion", z. B. mit der „Fishbowl"-Methode.

METHODE ZUR LERNORGANISATION

„Fishbowl"-Diskussion

Zuerst werden in Kleingruppen Argumente für bzw. gegen die These gesammelt. Vertreter aus den Gruppen versammeln sich in der Mitte des Raumes im Kreis und diskutieren; der Rest des Kurses beobachtet die Diskussion (und hat dazu Beobachtungsaufträge, z. B. zum Diskussionsverhalten oder zu den vorgebrachten Argumenten). Ein Stuhl in der Mitte bleibt frei – auf ihm kann jeder der Beobachter vorübergehend Platz nehmen und an der Diskussion teilnehmen. Am Ende der „Fishbowl"-Diskussion geben die Beobachter den Akteuren eine Rückmeldung.

■ Für den Konstruktivismus lässt sich nicht entscheiden, welches der unterschiedlichen individuellen Weltbilder richtig ist. Dies wirft einige Fragen auf: Gehen wir in unserem Alltagsverständnis nicht zu Recht davon aus, dass wir alle in einer gemeinsamen Welt leben? Können wir nicht durchaus zwischen richtigen und falschen Bildern dieser Welt unterscheiden? Sollen wir z. B. die Wahnvorstellungen eines psychisch Kranken als ein mögliches Bild der Welt akzeptieren, wenn dieser damit gut in der Welt zurechtkommt?

Daraus ergibt sich die Frage, woran wir die Vorstellung eines wahren Bildes der Welt festmachen können; auf die Wahrnehmung allein, das haben die Kritik am Naiven Realismus und der Konstruktivismus gezeigt, können wir uns nicht stützen.

2.7 Erkenntnis als Leistung des Geistes

2.7.1 Unumstößliche Gewissheiten

❶ Auch wenn der Skifahrer rechts im Bild immer wieder genau hinsieht, wird er vermutlich seinen Augen nicht trauen, warum?

■ Es ist deutlich geworden, dass uns die Wahrnehmung allein kein wahres Bild der Welt liefern kann. Trotzdem scheint es richtige und falsche Bilder der Welt zu geben. Bestimmte Bilder der Welt – wie in dem Cartoon – können nicht richtig sein, auch wenn sie ein Ergebnis unserer Wahrnehmung sind. Weitere Beispiele für falsche Bilder sind die unten stehende Zeichnung und die Fotografie eines so genannten unmöglichen Dreiecks, sowie das Bild von Escher auf Seite 30.

❷ Was stimmt an dem unmöglichen Dreieck nicht? Was vermuten Sie, wenn Sie das Modell des Dreiecks rechts auf dem Foto sehen?

❸ Beschreiben Sie sorgfältiger noch als zuvor, was Sie an der Darstellung des Gebäudes auf dem Bild von Escher (S. 30) irritiert. Begründen Sie, warum es ein solches Gebäude in der Realität nicht geben kann.

Das Foto ist nicht manipuliert worden (vgl. die Auflösung auf S. 144).

■ Die Konstruktion des Bildes von Seite 28 verstößt gegen die Gesetze, nach denen die Zusammenhänge zwischen den Gegenständen im Raum geordnet sind, und damit in gewisser Hinsicht auch gegen die Gesetze der Geometrie. Wir wissen, ohne je ein solches Gebäude gesehen zu haben, dass es so etwas nicht geben kann. Diese Gewissheit scheint nicht aus der Wahrnehmung zu stammen, sondern aus dem Verstand. Daraus kann man schließen: Auch wenn unsere Sinne uns nur subjektive Bilder der Welt vermitteln, so kann unser Verstand doch etwas Objektives erkennen. Diesen Gedanken erläutert Jostein Gaarder im folgenden Auszug aus „Sofies Welt":

M 22 Stell dir vor, Du findest im Wald einen runden Tannenzapfen. Vielleicht sagst Du, Du „findest", der sieht kugelrund aus – aber Jorunn behauptet, er sei auf der einen Seite ein bisschen plattgedrückt. [...] Aber ihr könnt kein sicheres Wissen über das haben, was ihr mit den Augen seht. Dagegen könnt ihr mit
5 voller Sicherheit wissen, dass die Winkelsumme in einem Kreis 360° beträgt. Und dann sprecht ihr von einem *ideellen* Kreis, den es in der Natur nicht gibt, aber den Ihr zum Ausgleich ganz klar vor eurem inneren Auge seht.

Jostein Gaarder
Sofies Welt. Roman über die Geschichte der Philosophie. Übersetzt von Gabriele Haefs. Hanser Verlag: München und Wien 1993, S. 107

■ Warum sind die Sätze der Mathematik bzw. der Geometrie mit solcher Sicherheit gültig? Zur Klärung dieser Frage ist es nützlich, sich an einem Beispiel einmal genauer anzusehen, auf welche Weise man in der Geometrie zu bestimmten Aussagen kommt.

4 Wer die Winkelsumme in einem beliebigen Dreieck bestimmen möchte, geht folgendermaßen vor: Er/sie zeichnet viele verschiedene Dreiecke, misst bei allen die Winkel und bildet für jedes Dreieck die Winkelsumme. Wenn er/sie genau gezeichnet und gemessen hat, beträgt die Winkelsumme in allen Fällen 180°. Wie beurteilen Sie diesen mathematischen „Beweis"?

5 Die Geraden g und h sind parallel. Daher gilt:
$\alpha = \alpha'$ und $\beta = \beta'$ (Stufenwinkel sind gleich)
sowie $\gamma = \gamma'$ (Wechselwinkel sind gleich).
Da gilt: $\alpha' + \beta' + \gamma' = 180°$,
gilt auch: $\alpha + \beta + \gamma = 180°$. D. h., die Winkelsumme im Dreieck beträgt immer 180°.
Welcher Beweis ist überzeugender, dieser Beweis oder der „empirische" aus Aufgabe 4? Worin liegt der grundsätzliche Unterschied zwischen beiden Beweisen?

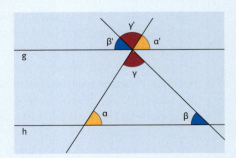

6 Wenn Sie den Beweis in Aufgabe 5 vollständig verstanden haben und dann in der Zeitung lesen, mit neuesten Messverfahren habe man festgestellt, die Winkelsumme im Dreieck betrage 181°, würden Sie diesem Bericht glauben?

Erkenntnis als Leistung des Geistes

2.7.2 René Descartes: Die Erkenntnis von Körpern als geistiger Einblick

■ Die Sätze der Mathematik und speziell der Geometrie waren schon für die Philosophen im antiken Griechenland das Musterbeispiel einer Erkenntnis, die nicht auf Wahrnehmung, sondern auf geistiger Einsicht beruht und die mit Sicherheit wahr ist. Der französische Philosoph René Descartes (1596–1650) steht in dieser Tradition, wenn er nach einem wahren Bild der Welt sucht. In den folgenden Überlegungen geht auch er vom Zweifel an der Wahrnehmung aus (vgl. S. 33), kommt aber zu ganz anderen Schlussfolgerungen als der Radikale Konstruktivismus.

M 23 Wir wollen jene Dinge betrachten, die man gemeinhin am deutlichsten zu erkennen meint, nämlich die Körper, die wir betasten und sehen [...]. Nehmen wir z. B. dieses Stück Bienenwachs. Es ist ganz frisch aus Honigscheiben gewonnen worden. Noch hat es nicht allen Honiggeschmack verloren. Ein wenig be-
5 wahrt es von dem Duft der Blumen, aus denen es gesammelt wurde. Seine Farbe, seine Gestalt, seine Größe liegen offen zutage. Es ist hart, kalt, man kann es leicht anfassen, und wenn man mit dem Knöchel darauf klopft, gibt es einen Ton von sich. Kurz, alles ist ihm eigen, was zur ganz deutlichen Er-
10 kenntnis eines Körpers erforderlich erscheint.

Doch sieh da, während ich rede, kommt es dem Feuer nahe; der Rest des Geschmacks vergeht; sein Duft verflüchtigt sich; seine Farbe ändert sich; seine Form verschwindet. Es nimmt zu an Größe, wird flüssig, wird heiß, kaum
15 kann man es noch anfassen und schlägt man darauf, so gibt es keinen Ton mehr.
Bleibt es nun noch dasselbe Stück Wachs? Man muss es zugeben, niemand leugnet es, niemand ist anderer Meinung. Was wurde denn an ihm so deutlich aufgefasst? Sicherlich nichts von alledem, was ich mit den Sinnen erreichte, denn
20 alles, was unter den Geschmack, den Geruch, das Gesicht, das Gefühl oder das Gehör fiel, hat sich jetzt geändert; das Stück Wachs bleibt. Vielleicht ist es das mir jetzt Bewusste: Das Wachs selbst nämlich war gar nicht jene Honigsüße, nicht jener Blumenduft, jenes Weiß, jene Form, jener Ton; es war vielmehr ein Körper, der mir kurz vorher in solchen, jetzt aber in anderen Zustandsweisen
25 erschien. Was aber fasse ich, genau gesagt, bildhaft auf? Aufgepasst! Wir bringen alles in Abzug, was nicht zu dem Stück Wachs gehört, und sehen zu, was übrig bleibt: Es ist lediglich etwas Ausgedehntes, Biegsames, Veränderliches. [...]
Was heißt ausgedehnt? Ist vielleicht sogar die Ausdehnung des Wachsstücks
30 unbekannt? Beim schmelzenden Wachs wird sie ja größer, beim heißen noch mehr, und immer mehr, wenn die Hitze zunimmt. Ich würde also falsch beurteilen, was das Wachsstück ist, wenn ich nicht annähme, dass es auch seiner Ausdehnung nach mehr Veränderungen zulässt, als ich je in der Einbildung umfasst habe.

35 So muss ich schließlich gestehen, dass ich mir nicht einmal bildhaft vorstellen kann, was dieses Stück Wachs hier ist, sondern es allein durch den Geist auffasse. Ich rede von dem Wachs im Besonderen; beim Wachs im Allgemeinen ist dies noch viel klarer. Was ist denn nun dieses Wachs, das man nur im Geiste auffassen kann? Offenbar eben das, was ich sehe, berühre, bildhaft vorstelle;
40 überhaupt dasselbe, das ich von Anfang an für seiend gehalten habe. Aber, wohlgemerkt, die Auffassung desselben besteht nicht in einem Sehen, Berühren, sinnlichen Vorstellen und bestand überhaupt nie darin, wenn es mir auch früher so vorkam; sie besteht vielmehr in einem bloßen geistigen Einblick, der unvollkommen und verworren sein kann wie vordem, oder klar und deutlich
45 wie jetzt, je nachdem, ob ich mehr oder weniger auf seine Bestandteile achte. […] So erfasse ich also das, was ich mit den Augen zu sehen meinte, in Wahrheit nur durch das Urteilsvermögen, welches meinem Geiste innewohnt.

René Descartes
Meditationes de prima philosophia. Meditationen über die Erste Philosophie. Übersetzt und hrsg. von Gerhart Schmidt. Reclam: Stuttgart 1986, S. 89–95.

1 Vollziehen Sie die Argumentation des Textes nach. Worin besteht der „geistige Einblick"?

2 Verdeutlichen Sie sich den Unterschied zwischen den beiden folgenden Aussagen und überlegen sie, inwiefern jeweils Sinne und Verstand daran beteiligt sind: „Dies fühlt sich weich an und riecht wie Wachs" und „Dies ist ein Stück Wachs".

3 Will man heute genau wissen, ob es sich bei einem bestimmten Stoff, z. B. einem Stück Wachs, nach allen möglichen Veränderungen immer noch um den gleichen Stoff handelt, wird man vermutlich einen Chemiker fragen. Erörtern Sie, ob und inwiefern die chemische Analyse das Stück Wachs im Sinne von Descartes „im Geiste" auffasst.

■ Unsere Gewissheit, dass die Welt eine ganz bestimmte räumliche Ordnung hat und dass die Sätze der Geometrie gelten, scheint nicht nur von der Wahrnehmung und damit von der Erfahrung abhängig zu sein. Es gibt vielmehr eine Art von Wissen, das nicht allein aus der sinnlichen Wahrnehmung stammt und objektiv ist. Descartes und andere Philosophen sind daher der Auffassung, dass der Geist den wesentlichen Anteil an der Erkenntnis der Welt habe; und das, was er dazu beiträgt, sei so subjektiv wie die sinnlichen Wahrnehmungen.

> **INFORMATION** **Sicheres Wissen?**
> Schon im alten Griechenland suchten Menschen nach sicherem Wissen. Die griechischen Philosophen begannen, an der Verlässlichkeit ihrer sinnlichen Wahrnehmungen zu zweifeln. Nach dem Vorbild der Mathematik sahen sie in der Erkenntnis durch den Verstand den Weg zu einem möglichst objektiven Wissen.

ZUSAMMENFASSUNG

▶ Wir haben uns zu Anfang des Kapitels gefragt, wie wir zu unserem Bild der Welt kommen. Eine nahe liegende Antwort scheint die des Naiven Realismus zu sein, d. h. sich unser Weltbild wie bei einer Kamera als Abbildung vorzustellen. Genauere Untersuchungen unserer Wahrnehmung führen jedoch zu Zweifeln an dieser Vorstellung: Unsere Wahrnehmung ist offensichtlich ein aktiver Prozess, in dem wir erst durch eine Interpretation der Sinneseindrücke ein Bild der Welt erhalten. Solche Zweifel an der Sinneswahrnehmung haben in der Geschichte der Philosophie bis heute immer neue Ansätze in der Erkenntnistheorie angeregt.

▶ Der Radikale Konstruktivismus zieht aus den Zweifeln am Naiven Realismus den Schluss, dass jeder seine Welt selbst erschafft und unser Wissen über die Welt deshalb subjektiv ist. Trotzdem sind wir eigentlich davon überzeugt, dass es eine objektive Realität gibt, in der wir alle leben. Ist diese Überzeugung richtig und wie kann meine Welt zugleich die aller anderen Menschen sein, wenn doch unser Bild dieser Welt keine bloße Abbildung ist, sondern zu einem großen Teil eine Leistung des erkennenden Menschen? Wie kann man objektives Wissen begründen? Haben Descartes und andere Philosophen Recht, die das, was der Geist erkennt, für objektiv halten? Auf diese Fragen hat die philosophische Disziplin der Erkenntnistheorie unterschiedliche Antworten gegeben, die im zweiten Band dieses Unterrichtswerkes vorgestellt werden.

MEDIENTIPPS

Literaturhinweise

Nagel, Thomas *Was bedeutet das alles? Eine ganz kurze Einführung in die Philosophie.* Aus dem Englischen übersetzt von Michael Gebauer. Reclam: Stuttgart 1990 und Ditzingen 2008 (besonders Kap. 1)

Sacks, Oliver *Der Mann, der seine Frau mit einem Hut verwechselte.* Rowohlt: München 1990

Watzlawick, Paul (Hrsg.) *Die erfundene Wirklichkeit. Wie wissen wir, was wir zu wissen glauben – Beiträge zum Konstruktivismus.* Piper: München 1981 (4. Auflage 2008), besonders S. 14

Links

http://www.youtube.com/watch?v=UfA3ivLK_tE&feature=related (Filme zu Wahrnehmung und Aufmerksamkeit)

http://ghshauseniw.de/projekte/projekte.htm und http://www.michaelbach.de/ot/index-de.html (optische Täuschungen)

http://im-possible.info/english/library/index.html und http://de.wikipedia.org/wiki/Penrose-Dreieck („unmögliche" Figuren)

Filmtipp

Memento. Regie: **Christopher Nolan**. USA 2000 (109 Minuten)

3 Was soll ich tun? (I)
Einführung in die philosophische Ethik

„Anderen helfen oder an mich denken?" „Immer die Wahrheit sagen?" Orientierung in solchen und ähnlichen moralischen Fragen bieten religiöse und andere Wertsysteme. Wem diese aber nicht zusagen, der muss versuchen, eigene Maßstäbe zu finden. Darin besteht auch die Aufgabe der philosophischen Disziplin der **Ethik**. Sie untersucht die Frage, ob und wie moralische Maßstäbe sich vernünftig begründen lassen.

Eine Ethik für alle Kulturen?

Ein Beispiel: Beschneidung von Mädchen

- Beschneidung als Unterdrückung der Frau
- Beschneidung als kultureller Brauch

Gibt es eine für alle Kulturen gültige Moral?

- Herzinger: Vorrang der Menschenrechte vor der Kultur
- Feyerabend: Abhängigkeit der Moral von der Kultur (Kulturrelativismus)
- Spaemann: Kritik des Kulturrelativismus

Suche nach allgemeinen moralischen Maßstäben – ein Beispiel:

Ein ethisches Problem: Wahrheit und Lüge

- Kant: absolutes Lügenverbot — **Prinzipienethik**
- Wolff: nützliche Lüge erlaubt — **Folgenethik**
- Bok: Beweislast für den Lügner
- Beispiel: Wahrheit am Krankenbett

53

– Überlegen Sie – jeder für sich – welche Gefühle und Gedanken die verschleierten Frauen haben könnten, und vergleichen Sie Ihre Überlegungen.

– Verschiedene Kulturen haben unterschiedliche Vorstellungen über eine angemessene Bekleidung. Diskutieren Sie, ob man die Freizügigkeit in der Bekleidung gesetzlich einschränken sollte.

3.1 Eine Ethik für alle Kulturen?

❶ Diskutieren Sie über die Gültigkeit der moralischen Normen in den folgenden Beispielen:
- Ein türkischer Familienvater in Deutschland verheiratet seine Tochter ohne deren Einverständnis mit dem Sohn seines verstorbenen Bruders, um diesem eine Aufenthaltserlaubnis für Deutschland und damit eine Existenz zu sichern.
- Die Regierung eines Staates in Asien geht gegen „Vandalismus" mit der Prügelstrafe, gegen Drogenhandel mit der Todesstrafe vor. Kritik aus dem Ausland entgegnet sie mit dem Hinweis auf die Kriminalität im Westen und auf die „asiatische Tradition", in der die Gemeinschaft Vorrang vor dem Einzelnen habe.

■ Nicht erst seit in unserer Gesellschaft Menschen aus verschiedenen Kulturen zusammenleben, stellt sich die Frage: Gibt es eigentlich moralische Normen, die für alle Menschen verbindlich sind, oder hat jede Kultur ihre eigenen und für sie gültigen Normen. Gerade nachdem die europäische Zivilisation jahrhundertelang die Wertvorstellungen anderer Kulturen, die sie für minderwertig hielt, rücksichtslos durch Gewalt oder Missionierung verdrängt hat, sind wir zu Respekt anderen Kulturen gegenüber verpflichtet. Aber folgt daraus schon, dass man auf jede Kritik anderer Vorstellungen verzichten muss, dass es keinen Maßstab für eine solche Kritik gibt?

3.1.1 Ein Beispiel: Die Beschneidung von Mädchen

■ In vielen Ländern Nordafrikas werden Mädchen beschnitten. Durch die Einwanderung von dort nach Europa stellt sich auch hier das Problem, wie man – etwa vonseiten der Ärzte oder der Justiz – mit diesem Brauch umgehen soll. Auch in unseren Medien wird immer häufiger darüber berichtet. Der folgende Zeitungsartikel informiert über das Problem.

M 24 „Nach der Operation wirst du hübscher"
In Ägypten werden mehr als 90 Prozent der Mädchen der ländlichen Bevölkerung beschnitten
Von Michael Lennertz

5   KAIRO, im Juni. „Noch heute werden mehr als 90 Prozent aller Mädchen der ländlichen Bevölkerung beschnitten." Mit dieser Tatsache schockierte Mahmoud Karim, ein bekannter Gynäkologe und Professor an der Ain-Shams-Uni-

versität in Kairo, seinen Zuhörerkreis bei einer Diskussionsrunde zum Thema „Weibliche Beschneidung in Ägypten".

Die seit Jahrtausenden bestehende Tradition wird, von wenigen Ausnahmen abgesehen, einfach totgeschwiegen und gleichzeitig unvermindert fortgeführt. „Das Tabu ist Tradition", sagt Karim, der sich seit 30 Jahren bemüht diese „sexuelle Gewaltanwendung" abzuschaffen, allerdings bislang wenig erfolgreich.

Die Gründe für die Beibehaltung der im Westen und in einigen aufgeklärten Kreisen in Ägypten für barbarisch gehaltenen Prozedur sind vielfältig. Mit dem Einverständnis religiöser Kreise werden sie vorgebracht von Müttern, die ihre Töchter beschneiden lassen, den beschnittenen Mädchen selbst sowie von „Dayas", den traditionellen Geburtshelferinnen, und sogar von einigen Ärzten.

„Meine Tante und ein Arzt erklärten mir damals, dass die Beschneidung notwendig für meine Zukunft sei und meine Heirat garantieren würde", berichtete die heute 34 Jahre alte Mona einer Sozialarbeiterin. Es sei wichtig, „rein" zu sein. Kamilia wurde mit falschen Versprechungen zur Beschneidung überredet: „Nach der Operation wirst du größer, hübscher und deine Haut wird hell und sauber", sagte ihre Mutter. Die Ansicht, dass eine unbeschnittene Frau männlich sei, einen ungezügelten Geschlechtstrieb habe und zur Untreue neige, ist weit verbreitet.

Der Druck der Gesellschaft und der Wunsch, sich nicht von Gleichaltrigen zu unterscheiden, bewegten die Mädchen oft dazu, den schmerzhaften Schnitt zu ertragen.

Wie sonst nur bei der Heirat wird eine Frau bei der Beschneidung geehrt, mit einer prachtvollen Mahlzeit verwöhnt und beschenkt. In der Regel liegt das Durchschnittsalter der Mädchen bei der Beschneidung zwischen sechs und acht Jahren. Es handelt sich um die teilweise oder vollständige Entfernung der äußeren weiblichen Genitalien. Mediziner fürchten, dass unhygienische Bedingungen bei der Beschneidung Infektionen begünstigen. Es sind Mädchen an der Beschneidung verblutet. Zu den medizinischen Auswirkungen des Eingriffs gehören in erster Linie Mangel an sexuellem Interesse und manchmal orgasmische Störungen. Einige beschnittene Frauen entwickeln nach der Reife eine Furcht vor Geschlechtsverkehr oder leiden an chronischen Infektionen.

2008 waren nach Angaben der Weltgesundheitsorganisation (WHO) weltweit zwischen 100 und 140 Millionen Frauen und Mädchen beschnitten; in Ägypten und anderen Ländern Nordafrikas sind es nach Schätzungen immer noch über 90 Prozent. Vgl. *Eliminating Female genital mutilation*. © World Health Organization 2008 (http://whqlibdoc.who.int/publicaions/2008/9789241596442_eng.pdf)

„Parlament verbietet Beschneidungen von Mädchen
Kairo [...] Wer sich an einer Beschneidung beteiligt, dem droht nach dem neuen Gesetz eine Gefängnisstrafe zwischen drei Monaten und zwei Jahren oder eine Geldstrafe. [...]"
asc/dpa. In: *Spiegel Online*, 8.6.2008 (http://www.spiegel.de/politik/ausland/0,1518,558414,00.html)

Frankfurter Allgemeine Zeitung vom 24.6.1991 (gekürzt)

■ In den zwei sich anschließenden Leserbriefen, der erste eine direkte Reaktion auf den abgedruckten Artikel, nehmen Leser/innen zur Praxis der Beschneidung Stellung.

M 25 Nur wenigen Menschen in der Weltöffentlichkeit und außerhalb des weiten Gebietes der Betroffenen ist das traditionell motivierte Massenverbrechen der sexuellen Verstümmelung von Millionen von Mädchen und jungen Frauen bekannt, das Sie am 24. Juni im Aufsatz „Nach der Operation wirst du hübscher" behandelten. Der Ursprung dieses archaischen Brauches ist durch Ethnologen und Historiker schwer zu datieren. Auf jeden Fall ist er einige tausend Jahre älter als der Islam.

Wie manche Kulturhistoriker vermuten, kann die Unsitte der Beschneidung von Mädchen und Frauen aus dem Ausgang der Steinzeit hergeleitet werden, als die „Machtübernahme des Patriarchats" erfolgte, also zur Zeit des Beginns des individuellen Eigentums, wozu auch die Frau in der Einzahl und der Mehrzahl gezählt worden ist. Und um das Eigentum an Vieh und sonstigem Besitztum „rechtmäßig" zu vererben, musste der Mann sicher sein, dass seine Erben aus seinem Samen und nicht aus dem eines anderen Mannes entsprungen sind. Eine wichtig erscheinende Voraussetzung zu diesem Ziele war es daher, sich der Treue der (Ehe-) Frau zu versichern. Die am zweckmäßigsten erscheinende Methode schien die Entfernung des sinnlichen Zentrums der Frau, der Klitoris, zu sein. Dass man ihr damit auch die Lust am Intimverkehr, an der Sexualität überhaupt nahm, sie also sexuell „blendete", gebot der Eigennutz des Mannes.

Frankfurter Allgemeine Zeitung vom 5. 7. 1991 (Leserbrief, gekürzt)

M 26 Beschränken wir uns auf die Feststellung, dass wir es bei den Riten der Beschneidung mit Erscheinungsformen sakraler [heiliger] Kulturen zu tun haben. Seit den Erkenntnissen, die uns die Anthropologie [hier: Völkerkunde] beschert hat, wissen wir wenigstens, dass wir es nicht mit barbarischen Perversitäten zu tun haben, sondern ganz im Gegenteil: mit hochkulturellen Erscheinungsformen, die sich unter Umständen auf ältere Traditionen berufen können als die Kulturen Europas. Entgegen dem Augenschein handelt es sich bei sämtlichen Beschneidungsriten um einen Akt der kulturellen und gesellschaftlichen Initiation. [Durch sie werden] die Teilnehmer Repräsentanten und Träger [einer] kosmischen Ordnung. Im Fall der Beschneidung heißt das: die magische Verwandlung des „Naturwesens Mann" und des „Naturwesens Frau" zu „Kulturwesen", die an der kosmischen Ordnung und deren höchster Repräsentation, der sakralen Gemeinschaft selbst, zu partizipieren imstande sind. Da die kosmischen „essentials" selbst als „Dualität" gedacht werden, müssen die beiden Geschlechter selbst eine solche Dualität repräsentieren, um sich im Sinne jener Kosmologie vereinigen zu können. Da in Repräsentationssystemen keine Trennung zwischen Organischem und Psychischem vorgenommen werden kann, hat die „Kultivierung der menschlichen Sexualität" natürlich auch organische Folgen.[1] Ob das nun lieb ist oder „grausam", das hat mit dem Versuch, nichteuropäische Kulturen zu begreifen, nicht das mindeste zu tun. Ich wünsche mir mehr Sensibilität für uns fremde Traditionen.

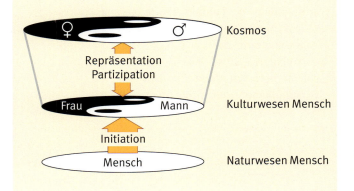

Beschneidung als Initiationsritus

[1] Durch die „Initiation" wird das Mädchen in die menschliche Gemeinschaft eingeführt. Diese repräsentiert die heilige „duale", d. h. zweiwertige kosmische Ordnung (vgl. Schaubild). Dies wird dadurch symbolisch zum Ausdruck gebracht, dass die Beschneidung die „männlichen" Teile des weiblichen Körpers entfernt.

DIE ZEIT, Nr. 23 vom 1. 6. 1979 (Leserbrief, stark gekürzt)

Eine Ethik für alle Kulturen? 57

1 Arbeiten Sie die gegensätzlichen Standpunkte der beiden Leserbriefautoren heraus und nehmen Sie selbst Stellung, ggf. auch in Form eines Leserbriefes.

2 Sollte man
- es Immigranten aus afrikanischen Ländern verbieten, hier in Europa die Beschneidung durchzuführen (in mehreren europäischen Ländern gab es Strafgerichtsprozesse wegen Beschneidung)?
- Kampagnen zur Abschaffung der Beschneidung (z. B. durch die UNO) unterstützen?
- diplomatischen Druck auf afrikanische Staaten ausüben, die Beschneidung zu verbieten?

INFORMATION **Eine Somali kämpft gegen die Beschneidung**

Waris Dirie, Kind somalischer Nomaden, wurde mit fünf Jahren beschnitten, lief mit 13 von zu Hause fort, wurde später in London als Model entdeckt und kämpft heute als Sonderbotschafterin der UNO gegen die Beschneidung. Über ihre Lebensgeschichte berichtet sie in den Büchern „Wüstenblume", und „Nomadentochter".

Waris Dirie *Wüstenblume*. Droemer Knaur: München 2001 und **Waris Dirie** *Nomadentochter*. Blanvalet: München 2002. „Wüstenblume" wurde unter demselben Titel auch verfilmt (s. Foto).

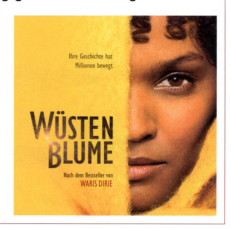

3.1.2 Die philosophische Diskussion um den Kulturrelativismus

■ Die Position, die der Autor des zweiten Leserbriefs von Seite 57 vertritt, nennt man Kulturrelativismus. Aus der Tatsache, dass es in verschiedenen Kulturen unterschiedliche Moralvorstellungen gibt, folgert diese Position, dass bestimmte Moralvorstellungen nur für die jeweilige Kultur gelten und dass jeder sich an die Moral seiner Kultur halten sollte. Der amerikanische Ethnologe Melville J. Herskovits (1895–1963) formuliert diese Ansicht so:

Die Spartaner töteten schwache Neugeborene; in einigen Eskimostämmen töteten Kinder ihre Eltern, wenn diese kraftlos wurden; die Azteken opferten Kriegsgefangene den Göttern; bei den Papua war der Frauenraub üblich …

Menschenopfer und Vivisektion bei den Azteken. Nach einer altmexikanischen Malerei

M 27 *Maßstäbe und Werte sind relativ auf die Kultur, aus der sie sich herleiten. […]* Vorstellungen von richtig und falsch, gut und böse finden sich in allen Gesellschaften, wenn sie auch in ihrem Inhalt bei den einzelnen Völkern voneinander abweichen. Was in einer Gesellschaft als Menschenrecht gilt, kann in einer anderen (oder auch in derselben Gesellschaft während einer anderen historischen Epoche) für sozialschädlich gehalten werden. Der Heilige einer Epoche würde zu einer späteren Zeit als lebensuntüchtig entmündigt werden.

Melville J. Herskovits
Ethnologischer Relativismus und Menschenrechte. In: Birnbacher/Hoerster: *Texte zur Ethik.* dtv: München 1976, S. 40

1 Suchen Sie nach Beispielen für die Unterschiedlichkeit der Moralvorstellungen in den Kulturen und diskutieren Sie, ob daraus folgt, dass es keine allgemein gültige Moral gibt.

■ Der Philosoph Paul Feyerabend (1924–1994) leitete aus seinen Erfahrungen als Dozent in Kalifornien eine kulturrelativistische Position ab.

Paul Feyerabend

M 28 Im Jahre 1964 kamen als Ergebnis der neuen Erziehungspolitik zahlreiche Mexikaner, Indianer, Schwarze in meine Vorlesungen. […] Welche Gelegenheit, sagten meine […] Freunde, zur Verbreitung der Vernunft und der Verbesserung der Menschheit beizutragen! […]
Ich teilte nicht ihren Optimismus. […] Wer war ich, um diesen Menschen zu erklären, was und wie sie denken sollten? […] Ihre Vorfahren hatten lebendige Kulturen, farbenreiche Sprachen, harmonische Ideen über die Beziehungen zwischen Mensch und Mensch und Mensch und Natur entwickelt […]. Diese Kulturen haben wichtige Errungenschaften in den Gebieten, die wir heute Soziologie, Psychologie, Medizin nennen, und sie drücken schon lange verschüttete Möglichkeiten der menschlichen Existenz aus. Und doch sind sie nie mit der Ehrfurcht und Aufmerksamkeit untersucht worden, die sie verdienen, sie wurden lächerlich gemacht und ganz selbstverständlich verdrängt und ersetzt, und zwar zuerst durch die Religion der brüderlichen Liebe [das Christentum] und dann durch die Religion der Wissenschaften […]. Dann hörte man eine Menge über Liberalismus und Freiheit – aber was bedeuteten diese Worte? Bedeuteten sie die Gleichheit dieser Traditionen mit den Traditionen des weißen Mannes? Keinesfalls. Gleichheit bedeutete, dass die Mitglieder verschiedener Rassen und Kulturen nun die wunderbare Gelegenheit hatten, an den Manieren des weißen Mannes teilzunehmen, sie hatten die Gelegenheit, Wissenschaftler, Theologen, Ärzte, Politiker, Generäle, Zuhälter, Lehrer, Richter und Verbrecher zu werden.
Diese Gedanken gingen mir durch den Kopf, als ich meine Hörer vor mir sah, und mit Ekel schrak ich vor der Aufgabe zurück, die ich durchführen sollte. Denn diese Aufgabe – und das war mir jetzt sehr klar – war die eines gebildeten und vornehmen Sklavenhalters. Und ein Sklavenhalter wollte ich nicht sein. […]

Eine Ethik für alle Kulturen? 59

Auf dieser Grundlage entwickelt Feyerabend seine kulturrelativistische Position. Er formuliert zunächst zwei zentrale Thesen:

> **M 29**
> I. *Traditionen sind weder gut noch schlecht; sie existieren einfach. „Objektiv", das heißt unabhängig von Traditionen, gibt es keine Wahl zwischen einer humanitären Einstellung und dem Antisemitismus.*
> Ergänzung: Die Rationalität ist nicht ein Schiedsrichter zwischen Traditionen,
> 5 sie ist selbst eine Tradition (Klasse von Traditionen) oder ein Aspekt einer Tradition. Sie ist daher weder gut noch schlecht, sondern ist einfach.

„Tradition" wird hier gleichbedeutend mit „Kultur" verwendet. Mit „Rationalität" ist die Vernunft gemeint, auf die man sich beruft, wenn man bestimmte Bräuche in anderen Kulturen kritisiert.

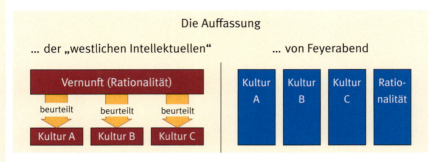

Rationalität und Kultur bei Feyerabend

> II. *Eine Tradition erhält erwünschte und unerwünschte Züge nur, wenn man sie auf eine Tradition bezieht, das heißt, wenn man sie als Teilnehmer einer Tradition betrachtet und aufgrund der Werte dieser Tradition beurteilt.*

Auf der Grundlage dieser beiden Thesen zum Relativismus setzt sich Feyerabend mit den Einwänden der Gegenseite auseinander:

> 10 Der Relativismus […] ist *vernünftig*, denn er beachtet die Vielzahl von Traditionen und Werten. Er ist *zivilisiert*, denn er nimmt nicht an, dass das winzige Dorf, in dem man wohnt, am Nabel der Welt liegt und dass seine seltsamen Sitten Maßstäbe für die ganze Menschheit sind. […]
> Aber […] sollen wir Menschen wirklich schutzlos dem Einfluss barbarischer
> 15 Traditionen überlassen? Sollen wir ruhig zusehen, wie Traditionen wiederbelebt werden, in denen rituelle Tötungen an der Tagesordnung sind, in denen kleine Kinder ausgesetzt, Erwachsene gefoltert oder verbrannt werden? Haben wir nicht die Pflicht, Menschenleben und Menschenwürde zu beschützen, wo immer sie bedroht sind? Und fordert uns die Pflicht nicht auf, die rational hu-
> 20 manitäre Einstellung zur Grundlage eines Staatsgebildes zu machen und so die Rechte anderer Traditionen zu verletzen? Diese Fragen sind ein Musterbeispiel der oberflächlichen, abstrakten *und subjektiven* Denkweise der meisten Intellektuellen. Man fragt nicht, wie die fremden Traditionen von innen aussehen, man untersucht nicht die Werte und die Weltansichten, auf denen sie beruhen,
> 25 man macht sich keine Gedanken über die sehr greifbaren Verluste, die eine Zerstörung dieser Werte zur Folge hat – man erhebt ganz unverfroren seine eigene Weltansicht zum universellen Kriterium des Menschseins und maßt sich an, das Glück, das Leiden, die Wünsche anderer mit diesem Kriterium zu messen.

Paul Feyerabend
Erkenntnis für freie Menschen. Suhrkamp: Frankfurt/M. 1980, S. 233 f., S. 68 f., S. 153 f.

2 Stellen Sie die wesentlichen Aussagen der von Feyerabend kritisierten Position und seiner eigenen Gegenposition gegenüber. Verdeutlichen Sie sich das Verhältnis von Tradition und Rationalität für die beiden Positionen mithilfe des Schaubilds auf S. 60.

3 Wie sind die Praxis der Mädchenbeschneidung und die Argumente der beiden Leserbriefe von Feyerabends Position her zu beurteilen?

4 Inwiefern enthält Feyerabends Text moralische Wertungen? Lassen diese sich von seiner Position her begründen?

METHODE

Visualisieren

▶ Wenn man den Gedankengang eines Textes verstehen, seine eigenen Gedanken genauer klären oder sie anderen verständlich machen will, ist es häufig nützlich, diese Gedanken in irgendeiner Form zu veranschaulichen. Denn
- wir verbinden mit unseren Begriffen und Gedankengängen fast immer anschaulich räumliche Vorstellungen, wie sich schon in unserer Sprache an Ausdrücken wie „Grundlage", „beinhalten", „aufbauen auf", „Oberbegriff" usw. zeigt;
- eine Veranschaulichung von begrifflichen Zusammenhängen nutzt zusätzliche Fähigkeiten unseres Gehirns neben dem analytischen Denken;
- Verbildlichungen können komplexe Zusammenhänge besser als sprachliche Ausführungen gleichzeitig und ganzheitlich darstellen.

▶ Bei der Visualisierung können wir zwischen sehr unterschiedlichen Formen wählen:
- Begriffsnetze oder Mindmaps, in denen man die Beziehungen zwischen verschiedenen Begriffen durch Pfeile und Verbindungslinien darstellt;
- Strukturdiagramme zu einem Text, einem Sachverhalt oder einer Argumentation, in denen man die Beziehung unter den Teilen und zum Ganzen oder die logische Beziehung zwischen Aussagen grafisch verdeutlicht;

dazu gehören Baumstrukturen, Folgerungsketten und andere grafische Darstellungen von Strukturen (vgl. die Strukturskizzen am Anfang der Kapitel und die Diagramme S. 60 und 57);
- Begriffskreise (vgl. S. 27);
- Vorstellungsbilder zu Begriffen oder Sachverhalten, z.B. zu unserer Vorstellung von „Erkenntnis" (vgl. Schaubild S. 31).

▶ Bei der Verbildlichung setzt man neben Linien, Pfeilen und einfachen geometrischen Figuren vor allem zwei Formen von Zeichen ein: ikonische Zeichen, die den gemeinten Gegenstand in irgendeiner Form abbilden (z.B. ein Strichmännchen einen Menschen), und symbolische Zeichen, die durch eine Vereinbarung einem Gegenstand bzw. Begriff zugeordnet sind (z.B. das Zeichen ♀ für „weiblich").

Bei einer Visualisierung sollte man auf Folgendes achten:
- mit wenigen Zeichen bzw. ausgewählten Begriffen das Wesentliche zum Ausdruck bringen und die Visualisierung nicht mit bildlichen Details überladen;
- dem inhaltlich-logischen Zusammenhang der Begriffe entsprechen, z.B. den Gang einer Argumentation von links nach rechts oder von oben nach unten darstellen.

■ Der Journalist Richard Herzinger (geb. 1955) kritisiert im folgenden Beitrag den Kulturrelativismus. Er geht dabei von einem Fall aus, in dem ein deutsches Gericht es als kulturelle Tradition eines Einwanderers gerechtfertigt hatte, dass dieser seine Ehefrau geschlagen hatte, und kommt von da aus zu allgemeineren Überlegungen.

M 30
„Kultur" gilt [für viele] an und für sich als ein positiver Wert. Wer sich bei seinen Handlungen auf seine „Kultur" beruft, kann sich in der aufgeklärten Öffentlichkeit von vorneherein des Verständnisses und einer gewissen ehrfürchtigen Zurückhaltung bei der Beurteilung seiner Taten sicher sein.

5 Diese ehrfürchtige Scheu rührt vom Trauma des Kolonialismus her. Weil damals die Sitten und Gebräuche unterworfener Völker verachtet und mit Füßen getreten wurden, will heute kein aufgeklärter Mensch mehr den Eindruck erwecken, er bringe fremden kulturellen Gepflogenheiten Geringschätzung entgegen.

10 Darüber wurde vergessen, dass Kulturen nicht voraussetzungslos schützenswert und unantastbar sind. Kulturen können vielmehr grausam, mörderisch und menschenunwürdig sein, und es ist die Pflicht der zivilisierten Menschheit, die Einzelnen vor der Unterwerfung unter brutale Gebote ihrer eigenen Kultur zu schützen. […]

15 Die Verletzung der körperlichen Unversehrtheit eines Menschen verstößt gegen die Menschenwürde und damit gegen die grundlegenden Menschenrechte. Diese sind universal und stehen absolut über allen Vorschriften, die aus einer bestimmten kulturellen Tradition abgeleitet werden. […]

Doch längst haben sich Unterdrücker und Menschenschinder […] das positive
20 Image des Begriffs „Kultur" zunutze gemacht und rechtfertigen ihre Untaten mit dem Verweis auf ihre kulturellen Eigenheiten, die mit fremden Maßstäben nicht beurteilt werden dürften.

Richard Herzinger
Das Recht steht über jeglicher Kultur.
In: *Die Welt*, 22.3.2007

■ Der Philosoph Robert Spaemann (geb. 1927) setzt sich mit dem Kulturrelativismus philosophisch auseinander und geht dabei zuerst auf die vermeintlich so unterschiedlichen Moralvorstellungen in verschiedenen Kulturen ein.

M 31
Wenn wir hören, dass Eltern ein kleines Kind, weil es versehentlich ins Bett gemacht hat, grausam misshandeln, dann urteilen wir nicht, diese Handlung sei eben für die Eltern befriedigend, also „gut", für das Kind dagegen „schlecht" gewesen, sondern wir missbilligen ganz einfach das Handeln der Eltern, weil
5 wir es in einem absoluten Sinne schlecht finden, wenn Eltern etwas tun, was für ein Kind schlecht ist. Und wenn wir von einer Kultur hören, wo dies der Brauch ist, dann urteilen wir, diese Gesellschaft habe eben einen schlechten Brauch. […] Die Gemeinsamkeiten zwischen den moralischen Vorstellungen in verschiedenen Epochen und Kulturen sind nämlich viel größer, als wir gemeinhin
10 sehen.

Wir unterliegen häufig einfach einer optischen Täuschung. Die Unterschiede fallen uns stärker auf, weil uns die Gemeinsamkeiten selbstverständlich sind. In allen Kulturen gibt es Pflichten der Eltern gegen ihre Kinder, der Kinder gegen die Eltern, überall gilt Dankbarkeit als „gut", überall ist der Geizige verächtlich und der Großherzige geachtet, fast überall gilt Unparteilichkeit als Tugend des Richters und Tapferkeit als Tugend des Kämpfers. [...]

Betrachten wir [...] die These: „Jeder sollte der in seiner Gesellschaft herrschenden Moral folgen." Diese Forderung verwickelt sich in [...] Widersprüche. Erstens widerspricht sie sich schon insofern, als der, der sie aufstellt, damit ja gerade wenigstens eine allgemein gültige Norm aufstellen will, nämlich die, dass man immer der herrschenden Moral folgen sollte. [...]

Vielleicht gehört sogar zur herrschenden Moral einer bestimmten Kultur gerade ein missionarischer Elan, der die Menschen dazu anhält, in andere Kulturen einzudringen und deren Normen zu verändern. In diesem Fall ist es unmöglich, der genannten Regel zu folgen, das heißt zu sagen, alle Menschen sollen der bei ihnen herrschenden Moral folgen. [...]

Zweitens: Es gibt gar nicht immer die herrschende Moral. Gerade in unserer pluralistischen Gesellschaft konkurrieren verschiedene Moralauffassungen miteinander. Ein Teil der Gesellschaft zum Beispiel verurteilt die Abtreibung als Verbrechen. Ein anderer Teil akzeptiert sie und kämpft sogar gegen Schuldgefühle in diesem Zusammenhang.

Das Prinzip, sich der jeweils geltenden Moral anzuschließen, belehrt uns also gar nicht darüber, für welche der geltenden Moralen wir denn optieren sollen.

Robert Spaemann
Moralische Grundbegriffe.
C. H. Beck: München
⁶1999, S. 13–18

5 Arbeiten Sie die Argumente von Herzinger und Spaemann gegen den Kulturrelativismus heraus und wenden Sie sie auf das Beispiel der Diskussion um die Mädchenbeschneidung an.

6 Führen Sie ein Rollenspiel zur Frage der Mädchenbeschneidung durch:
Eine UNO-Kommission plant Aktionen gegen die Praxis der Frauenbeschneidung:
– Eine Aufklärungsaktion soll die Menschen dort, wo dieser Brauch ausgeübt wird, überzeugen, dass damit ein Unrecht an den Mädchen begangen wird.
– Regierungen, die in ihren Staaten nicht energisch gegen die Frauenbeschneidung vorgehen, sollen diplomatisch unter Druck gesetzt werden.

Die Vertretung eines nordafrikanischen Landes bezeichnet dies als Kulturimperialismus des Westens und erhebt Einspruch gegen den Plan. Die UNO veranstaltet eine Anhörung dazu, hier treten unter anderem auf:
– ein Vertreter oder eine Vertreterin der Kultur, in der die Frauenbeschneidung praktiziert wird;
– ein Philosoph oder eine Philosophin, der oder die den Kulturrelativismus vertritt;
– eine Vertreterin einer Organisation für Frauenrechte;
– ein Philosoph oder eine Philosophin, der oder die eine Gegenposition zum Kulturrelativismus vertritt.

Außerdem gibt es eine Diskussionsleitung von der UNO.

METHODE ZUR LERNORGANISATION

Eine Diskussion als Rollenspiel durchführen

Vorbereitung: Der Kurs teilt sich in Gruppen auf – je eine Gruppe für jede im Spiel vorkommende Rolle, eine Beobachtergruppe und eine für die Moderation. Die Gruppen bereiten die Argumente für ihre jeweilige Position vor und bestimmen einen Vertreter/ eine Vertreterin für die Diskussion; die Beobachtergruppe stellt mögliche Argumente für die Diskussion zusammen und legt die Aspekte fest, die beobachtet werden sollen; die Moderationsgruppe kümmert sich um die Struktur und den Diskussionsablauf; sie bestimmt auch einen Moderator / eine Moderatorin.

Durchführung: Der Moderator oder die Moderatorin eröffnet die Diskussion, die Vertreter tragen ihre Argumente vor und diskutieren davon ausgehend das Problem; am Ende geben sie ein abschließendes Statement ab. Der Moderator leitet die Diskussion, indem er das Wort erteilt, evtl. Fragen stellt und die Zeit im Auge behält. Alle achten darauf, dass die Auseinandersetzung mit Argumenten geführt und nicht zur Show-Veranstaltung wird. Nach dem Ende der Diskussion teilen die Beobachter ihre Ergebnisse mit, der Kurs denkt gemeinsam über die inhaltlichen Schwerpunkte, das Ergebnis der Diskussion und den Gesprächsverlauf nach.

7 Welche Konsequenzen ergeben sich aus dem Kulturrelativismus in Bezug auf
– das Zusammenleben verschiedener Kulturen;
– den Wandel einer Kultur;
– den Konflikt einzelner Mitglieder einer Kultur mit deren Werten?

8 Bestimmen Sie Ihre eigene Position zum Kulturrelativismus. Gibt es Ihrer Ansicht nach kulturunabhängige, allgemein gültige moralische Regeln und welche könnten dies sein? Sollte es z. B. erlaubt sein,
– im Privatleben oder in einer öffentlichen Funktion (z. B. als Lehrerin) ein Kopftuch bzw. einen Schleier zu tragen?
– gleichgeschlechtliche Partner zu heiraten oder mit mehreren Frauen bzw. Männern gleichzeitig verheiratet zu sein?
– seine Kinder zu schlagen oder Schüler/innen körperlich zu züchtigen?

9 Stellen Sie abschließend die Argumente für und gegen den Kulturrelativismus zusammen, z. B. in Form einer Tabelle.

Sollte man Schülerinnen in Deutschland erlauben, aus religiösen Gründen in Vollverschleierung (Burka) zur Schule kommen zu dürfen?

■ Die Tatsache, dass es unterschiedliche Moralsysteme gibt, sollte skeptisch machen gegenüber der eigenen Moral und tolerant gegenüber anderen; sie ist jedoch – wie Spaemann zeigt – noch kein Beweis für die relativistische Position und auch nicht für die Forderung, jeder müsse sich nach den Normen seiner Kultur richten. Gerade um solche Forderungen geht es oft in Konflikten zwischen den unterschiedlichen Moralvorstellungen. Unter dem Einfluss der westlichen Kultur geraten viele Menschen in Widerspruch zu den traditionellen Moralvorstellungen ihrer eigenen Kultur. Ein Beispiel ist die von den Eltern arrangierte Ehe, die früher bei uns und heute noch in vielen Ländern – und unter Migranten in Deutschland – üblich ist, z. B. in Indien:

Der indische Film *Monsoon Wedding* erzählt von dem Konflikt um eine arrangierte Ehe.

M 32 Obgleich der weitaus größte Teil der heutzutage geschlossenen Ehen im hinduistischen Indien von den Eltern arrangiert wird, wird die Hindu-Ehe als Liebesgemeinschaft verstanden. Aus westlicher Sicht scheint dies ein Widerspruch zu sein. Der westlichen Ehe geht die Liebe voraus, in Indien sollte es den Normen
5 entsprechend umgekehrt sein – die Liebe entwickelt sich in der Ehe. […] Wesentlich ist, dass die Ehepartner sich nicht als Individuen verstehen, autonom und nur für sich selbst verantwortlich, sondern dass beide Familien der Ehepartner durch die Ehe in Verbindung treten […]. Heirat erfolgt im Interesse der sozialen Bezugsgruppe, das der Bewahrung der Familienehre […],
10 dem Status der Familie etc. gilt. Aus diesen Gründen ist die Wahl des Heiratspartners so entscheidend, dass sie nicht den jungen (unerfahrenen) Menschen überlassen werden sollte.

Kerstin Gudermuth *Liebe jenseits der Ehe.* In: http://www.suedasien.info/analysen/1668 (Auszüge)

9 Erörtern Sie: Welche Argumente sprechen für und gegen arrangierte Ehen? Wie beurteilen Sie das Argument, es sei eine bessere Garantie für das Gelingen einer Ehe, wenn sie von den Eltern arrangiert wird?

■ Ob die Ehen glücklicher sind, wenn sie von den Eltern arrangiert werden oder wenn die Kinder den Partner selbst wählen, wird sich kaum entscheiden lassen. Das ist für die Position, die eine freie Partnerwahl fordert, auch nicht ausschlaggebend. Denn das zentrale Argument gegen die Partnerwahl durch Eltern – erst recht, wenn sie mit Druck gegen die Kinder durchgesetzt wird – ist, dass jedes Individuum das Recht hat, sein Leben frei selbst zu gestalten; ob es dabei glücklich wird oder scheitert, ist allein seine Verantwortung. Die Gegenposition sieht den Menschen immer als Teil einer Gemeinschaft, der nur in ihr ein gutes und glückliches Leben führen kann; daher solle er die Interessen der Gemeinschaft berücksichtigen und nach ihren Maßstäben leben.

„Die Zeiten, wo man arrangierte Ehen hatte, sind ja leider vorbei. […] Die arrangierte traditionelle Ehe war nicht vom Schlechtesten […].“ An der Scheidungsquote lasse sich ablesen, dass auch Paare, die sich selbst gefunden hätten, nicht ein Leben lang verbunden blieben, so die Mutter dreier Kinder. „Wir Eltern kennen unsere Kinder gut und wissen, wer da passen könnte. Liebe kann man lernen.“
Fürstin Gloria von Thurn und Taxis laut AFP. In: *Hamburger Abendblatt,* 26. 11. 2008

Eine Ethik für alle Kulturen? 65

3.2 Ein ethisches Problem: Wahrheit und Lüge

3.2.1 Muss man immer die Wahrheit sagen?

1 Hannah will sich von ihrem langjährigen Freund Tim trennen, denn sie hat sich heftig in einen anderen verliebt. Sie weiß, dass Tim dies sehr belasten würde, denn die Beziehung ist ihm sehr wichtig. Tim steht kurz vor dem Examen und hat Sorge, dass er es nicht bestehen wird, weil er unter psychischem Stress oft versagt. Daher beschließt Hannah, ihm ihre Trennungsabsichten erst nach dem Examen mitzuteilen. Auch als Tim sie fragt, ob sie nach dem Examen mit ihm zusammenziehen will, sagt sie ihm nicht die Wahrheit über ihre Pläne.
Halten Sie Hannahs Entscheidung für moralisch richtig?
Erörtern Sie diese Frage im Kurs, z. B. in einer „Dilemmadiskussion".

■ Es ist eine der alltäglichsten moralischen Fragen, ob und wann man verpflichtet ist, die Wahrheit zu sagen. Wir alle lügen gelegentlich, d. h., wir täuschen durch absichtlich falsche Aussagen, und wir tun es meist ohne größere Schuldgefühle. Lügen sind keine großen „Sünden" wie Raub oder Mord und auch in den meisten Fällen nicht strafbar. Auf der anderen Seite hängt das Verhältnis der Menschen untereinander entscheidend davon ab, ob man sich auf die Aussagen der anderen verlassen kann. Daher kann es keine bloße Privat- oder Geschmackssache sein, ob und wann man die Wahrheit sagt. Es ist deshalb sinnvoll, nach Grundsätzen und Regeln für die moralische Beurteilung von Lügen zu suchen, an denen wir uns orientieren können; solche Regeln gibt es z. B. für bestimmte Berufsgruppen wie Ärzte oder Rechtsanwälte.

METHODE ZUR LERNORGANISATION
Eine Dilemmadiskussion führen

Ein moralisches Dilemma hat, wer sich zwischen zwei einander widersprechenden Handlungsalternativen entscheiden muss, die beide moralisch richtig zu sein scheinen.
Die Methode der „Dilemmadiskussion" beginnen Sie damit, dass Sie darüber abstimmen, ob Sie die Entscheidung der handelnden Person in der besprochenen Dilemmageschichte moralisch richtig finden. Befürworter und Gegner dieser Entscheidung erörtern dann in Kleingruppen die Argumente für ihre jeweilige Stellungnahme. Anschließend tauschen beide Seiten ihre Argumente aus, wobei die Seiten immer abwechselnd zu Wort kommen und die Diskussionsteilnehmer sich gegenseitig aufrufen. Währenddessen hält die Lehrkraft oder ein Mitschüler bzw. eine Mitschülerin die Argumente schriftlich fest. Zum Abschluss bewerten beide Seiten, welche Argumente der Gegenseite sie besonders überzeugend fanden.

3.2.2 Zwei Positionen

■ In der Diskussion um die Lüge finden wir im Alltag wie auch in der philosophischen Tradition zwei Extrempositionen: Die erste Position hält jede Lüge für moralisch unzulässig, sie wird unter anderem von Immanuel Kant vertreten.

Die Gegenposition hält Lügen an sich nicht für unmoralisch, sondern nur solche Lügen, durch die ein moralisch verwerfliches Ziel erreicht, z. B. jemand geschädigt wird – so z. B. der Philosoph Christian Wolff (1679–1754).

DISKUSSION „Wahrhaftigkeit ist immer Pflicht"

Wahrhaftigkeit in Aussagen, die man nicht umgehen kann, ist [...] Pflicht des Menschen gegen jeden, es mag ihm oder einem anderen daraus auch noch so großer Nachteil erwachsen; [denn] ich mache [durch eine Lüge], so viel an mir ist [soweit es an mir liegt], dass Aussagen [...] überhaupt keinen Glauben finden, mithin auch alle Rechte, die auf Verträgen gegründet werden, wegfallen und ihre Kraft einbüßen; welches ein Unrecht ist, das der Menschheit überhaupt zugefügt wird.

Immanuel Kant
Über ein vermeintes Recht, aus Menschenliebe zu lügen. In: I. Kant: *Werke in 12 Bänden*. Hrsg. von Wilhelm Weischedel, Bd. VIII. Suhrkamp: Frankfurt/M. ¹1982, S. 638

DISKUSSION „Manchmal die Unwahrheit sagen ..."

Eine unwahre Rede, die zu des Anderen Schaden gereicht, wird eine Lüge genannt. Wenn man durch unwahre Worte niemandem schadet, sich aber nutzet, so ist solches kein Lügen.
Da wir unser Bestes befördern sollen, so kann auch solches durch verstellte Worte geschehen, wenn sie niemandem Schaden bringen. Es ist niemals zu lügen erlaubt, aber wohl ist es erlaubt, ja wir sind bisweilen verpflichtet, die Unwahrheit zu sagen, wenn sie weder uns noch anderen zum Schaden, aber wohl zum Besten gereicht.

Christian Wolff
Pflichten des Menschen im Reden und in Verträgen. In: Ders.: *Gesammelte Werke*. I. Abtlg., Bd. 4. Hrsg. von Hans Werner Arndt. Ohms: Hildesheim/New York 1976, S. 686 [§ 981]

---

1 Arbeiten Sie heraus, was die Autoren jeweils unter „Lüge" verstehen, inwiefern sich ihre Positionen widersprechen und wie sie jeweils begründet werden.

2 Wie würden Kant und Wolff jeweils Hannahs Verhalten in unserem Beispiel beurteilen?

3 Erörtern Sie am folgenden Beispiel die Problematik der ersten Position:
Jemand hält einen Flüchtling – z. B. vor nationalsozialistischer Verfolgung – versteckt (oder kennt dessen Aufenthaltsort). Er wird von den Verfolgern des Flüchtlings gefragt, wo sich dieser aufhalte, und überlegt, ob er zu einer wahrheitsgemäßen Antwort verpflichtet ist.

4 Versetzen Sie sich in die Lage dessen, der zu einem „guten Zweck", ja sogar zu seinem eigenen „Besten", belogen wird, etwa in die von Tim in unserem Beispiel.
Diskutieren Sie von dieser Überlegung her die Problematik der zweiten Position.

■ Die Fragwürdigkeit der ersten Position, also des absoluten Lügenverbots, zeigt das in Aufgabe 3 erwähnte Beispiel – weitere, weniger dramatische lassen sich leicht finden. Aber auch die extreme Gegenposition, nach der unschädliche Lügen immer erlaubt seien, ist problematisch. Dies wird durch einen Wechsel der Perspektive klar (vgl. Aufgabe 4 und den Fragebogen).

Notieren Sie zu jedem Punkt des nebenstehenden Fragebogens, welche Antwort Sie für richtig halten (z. B. 1 c). Bilden Sie dazu zwei Gruppen: Eine Gruppe bearbeitet zunächst Teil A, die andere zunächst B, anschließend vergleichen Sie die Ergebnisse.

A

1. Eine Lüge ist dann gerechtfertigt, wenn sie niemandem schadet.
   a) immer   b) oft   c) manchmal   d) nie

2. Eine Lüge ist dann gerechtfertigt, wenn man mit ihr verhindern kann, dass Gefühle eines anderen verletzt werden.
   a) immer   b) oft   c) manchmal   d) nie

3. Eine Lüge ist dann gerechtfertigt, wenn sie den Belogenen vor Schaden bewahrt.
   a) immer   b) oft   c) manchmal   d) nie

4. Eine Lüge ist dann gerechtfertigt, wenn man mit ihr einen Menschen schützen kann.
   a) immer   b) oft   c) manchmal   d) nie

B

1. Ich finde es richtig, wenn man mich belügt, wenn diese Lüge niemandem schadet.
   a) immer   b) oft   c) manchmal   d) nie

2. Ich finde es gerechtfertigt, wenn man mich belügt, um meine Gefühle zu schonen.
   a) immer   b) oft   c) manchmal   d) nie

3. Ich finde es richtig, wenn man mich belügt, um mich vor Schaden zu bewahren.
   a) immer   b) oft   c) manchmal   d) nie

4. Ich finde es richtig, wenn man mich belügt, falls es dazu dient, mich oder einen anderen Menschen zu schützen.
   a) immer   b) oft   c) manchmal   d) nie

Fragebogen frei nach **Robert T. Hall**

Einen solchen Wechsel der Perspektive fordert auch die schwedisch-amerikanische Philosophin Sissela Bok (geb. 1934) von uns, wenn wir darüber nachdenken, ob eine Lüge moralisch gerechtfertigt sein könnte.

M 33 Diejenigen, die erfahren, dass man sie in einer wichtigen Angelegenheit – zum Beispiel, was die Identität ihrer Eltern, die Zuneigung ihres Ehepartners oder die Rechtschaffenheit ihrer Regierung anbetrifft – angelogen hat, sind aufgebracht, enttäuscht und misstrauisch. Sie fühlen sich betrogen und müssen mit noch weiteren Enthüllungen rechnen. Und im Licht der nun an den Tag gebrachten Lügen blicken sie zurück auf ihre vergangenen Überzeugungen und Handlungen. Sie erkennen, dass sie manipuliert worden sind, dass der Betrug ihnen die Möglichkeit genommen hat, ihre Entscheidungen auf der Basis der zutreffendsten Informationen, die es gab, zu treffen, ihnen die Möglichkeit genommen hat so zu handeln, wie sie es hätten tun wollen, wenn sie von vornherein Bescheid gewusst hätten. [...] Die meisten von uns würden sich dagegen zur Wehr setzen, die Kontrolle darüber zu verlieren, welche Entscheidungen wir an andere delegieren und welche wir selbst treffen wollen – unter Zuhilfenahme der besten Informationen, die man bekommen kann. Wir setzen uns zur Wehr, weil wir aus Erfahrung wissen, welche Folgen es hat, wenn andere uns täuschen wollen, und sei es „nur zu unserem eigenen Besten". Natürlich wissen wir, dass viele Lügen trivial sind. Doch da wir, wenn man uns belügt, keine Möglichkeit haben zu beurteilen, welche Lügen nun die trivialen sind, und da wir nicht das Vertrauen aufbringen, dass sich Lügner auf diese trivialen Lügen beschränken werden, müssen wir aus der Perspektive des Betrogenen jede Täuschung ablehnen. [...] Die Diskrepanz der Perspektiven erklärt die zweideutige Stellung, die die meisten von uns gegenüber dem Lügen einnehmen. Während wir auf der einen Seite die Gefahren des Lügens kennen und wir eine Welt bevorzugen würden, in der sich die anderen des Lügens enthielten, so wissen wir andererseits doch auch, dass es Gelegenheiten gibt, wo es hilfreich, ja vielleicht sogar notwendig wäre, wenn wir selbst ungestraft zur Lüge greifen könnten. [...]

Wir müssen es lernen, uns zwischen den beiden Perspektiven hin und her zu bewegen und sogar beide zugleich in den Blick zu nehmen [...]. In der Ethik bedeutet diese doppelte Sichtweise die Anwendung der Goldenen Regel[1]: Man soll sich bemühen seine eigenen Handlungen nicht nur aus der Sicht des Subjektes, des Ausführenden zu erleben, sondern auch aus der Sicht des von unserer Handlung Betroffenen, der zuweilen ein Opfer ist. [...] Wir alle wissen, was es heißt zu lügen, belogen zu werden, zu Recht oder zu Unrecht in den Verdacht zu kommen, gelogen zu haben. Im Prinzip kann jeder von uns sofort beide Perspektiven einnehmen. Sich diese Mühe zu machen, ist vor allem dann wichtig, wenn wir über Lügen nachdenken, die wir gern benutzen können möchten. [...] Die Perspektive der Getäuschten gibt also eine Reihe von Gründen an die Hand, warum Lügen nicht wünschenswert sind. Diejenigen, die diese Perspektive teilen, haben Grund, die Wirkungen unaufgedeckter Lügen für die Entscheidungen von Lügnern und Hintergangenen zu fürchten. Sie sind sich der Bedrohung nur allzu sehr bewusst, die von entdeckten oder vermuteten Lügen für Vertrauen und Kooperation in der Gesellschaft ausgeht. Und sie ziehen nicht nur die individuelle Lüge in Betracht, sondern die Praktiken des Lügens in der gesamten Gesellschaft und die Langzeitfolgen, die sich daraus

[1] Die sog. Goldene Regel gilt als ein in fast allen Kulturen vorkommendes moralisches Prinzip. Für den christlichen Kulturkreis ist sie als Wort Jesu überliefert: „Alles nun, was ihr wollt, dass euch die Leute tun sollen, das tut ihnen auch!" (Mt 7, 12) In ihrer negativen Fassung existiert die Goldene Regel im Deutschen auch als Sprichwort: „Was du nicht willst, dass man dir tu, ..."

ergeben können. Aus diesen Gründen müssen wir zumindest den Standpunkt von Aristoteles als grundlegende Prämisse akzeptieren, nämlich dass Lügen „schlecht und tadelnswert" und dass wahrhaftige Aussagen Lügen vorzuziehen sind, soweit man auf dieser allgemeinen Ebene redet. Diese Prämisse bürdet den Lügen eine grundlegende negative Last auf. Sie geht davon aus, dass Lügen in Hinblick auf unsere Entscheidungen nicht neutral sind und dass das Lügen einer Rechtfertigung bedarf, während das bei der Wahrheit für gewöhnlich nicht der Fall ist. […] Und die Beweislast bürdet sie eindeutig jenen auf, die sich die Perspektive des Lügners zu eigen machen.

Sissela Bok *Lügen. Vom täglichen Zwang zur Unaufrichtigkeit.* Rowohlt: Hamburg 1980, S. 39–40, 48–50

5 Arbeiten Sie die moralische Leitlinie Sissela Boks für den Umgang mit der (Not)lüge heraus und wenden Sie ihre Überlegungen auf die folgenden Fälle an:
– Ein Arzt verschreibt einem Patienten, dessen Leiden psychisch bedingt sind, ein Medikament mit „Placebo"-Effekt (d. h., er täuscht eine angebliche, aber nicht vorhandene Wirksamkeit vor).
– Ein Minister bestreitet vor einem Parlamentsausschuss, dass die Regierung bestimmte Geschäftsverhandlungen führe, um im Interesse des Landes durch vorzeitige Öffentlichkeit nicht das Geschäft zu gefährden.

3.2.3 Ein Beispiel: Wahrheit am Krankenbett

■ Auch wer Kants absolutes Lügenverbot ablehnt, muss bei jeder Ausnahme gute Gründe dafür vorbringen, dass eine Lüge in diesem Fall zulässig ist, Gründe, die auch bei einem Wechsel der Perspektive noch Bestand haben. Bestimmte Berufsgruppen wie z. B. die Ärzte müssen dazu Leitlinien formulieren. Traditionell war die – im „Eid des Hippokrates" formulierte – Pflicht des Arztes, dem Patienten mit allen Mitteln zu helfen, ein Grund dafür, dass Lügen am Krankenbett erlaubt sein können; auch heute ist die Frage der „Wahrheit am Krankenbett" für Ärzte ein schwieriges Problem.

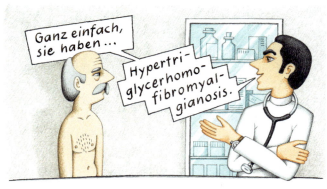

M 34 Auf Verlangen seiner Versicherung lässt ein vierundsechzigjähriger Mann in einem Krankenhaus eine Routineuntersuchung vornehmen. Dabei stellen die Ärzte fest, dass er Krebs hat, der innerhalb der folgenden sechs Monate zum Tode führen wird. Eine Aussicht auf Heilung besteht nicht. […] Der Patient leidet unter keinerlei Symptomen, die ihm Grund zu der Annahme geben würden, er sei nicht völlig gesund. In der nächsten Woche will er einen kurzen Urlaub antreten.

Der Arzt hat nun mehrere Möglichkeiten, mit der Wahrheit umzugehen. Sollte er dem Patienten mitteilen, was er weiß, oder sollte er es verschweigen? Sollte er die Wahrheit verleugnen, wenn er gefragt wird? Und wenn er sich entschließen sollte, die Diagnose offenzulegen, sollte er damit warten, bis der Patient aus dem Urlaub zurück ist? […]

Ärzte stehen häufig vor solchen bedrängenden Entscheidungen. Was sie offen aussprechen, zurückhalten oder verdrehen, ist für ihre Patienten von größter Bedeutung. Mit entsprechender Vehemenz betonen die Ärzte deswegen auch, dass sie ihre Gründe für das Verzerren und Verheimlichen der Wahrheit haben: Sie wollen einen Kranken nicht unnötig in Unruhe versetzen oder ein überflüssiges Leiden oder Unbehagen erzeugen wie in dem Fall des Krebspatienten; sie wollen einem Patienten nicht die letzte Hoffnung nehmen und sagen daher den Sterbenden nicht die Wahrheit über ihren Zustand; oder sie wollen die Chancen einer Heilung verbessern, indem sie einen übertriebenen Optimismus in Bezug auf eine bestimmte Therapie an den Tag legen. […]

So hat sich der Eindruck ergeben, dass das Belügen von Patienten in besonderer Weise entschuldbar sei. […] Ärzte sind dazu ausgebildet, ihren Patienten zu helfen. Ihr Verhältnis zu den Patienten beinhaltet besondere Verpflichtungen und sie wissen viel besser als jeder Laie, was der Heilung und dem Überleben dienlich ist oder was sie behindert. […] Lügen ist normalerweise falsch, so sagen sie; noch falscher allerdings wäre es, wenn man Patienten durch die Wahrheit Schaden zufügen würde.

Auch hier handelt es sich um ein moralisches Dilemma (vgl. „Eine Dilemmadiskussion führen", S. 66).

ICH WERDE ÄRZTLICHE VERORDNUNGEN TREFFEN ZUM NUTZEN DER KRANKEN NACH MEINER FÄHIGKEIT UND MEINEM URTEIL, HÜTEN ABER WERDE ICH MICH DAVOR, SIE ZUM SCHADEN UND IN UNRECHTER WEISE ANZUWENDEN.

Aus dem Eid des Hippokrates

Sissela Bok *Lügen. Vom täglichen Zwang zur Unaufrichtigkeit.* Rowohlt: Hamburg 1980, S. 263–268

---

❶ Nehmen Sie Stellung zur Frage der „Wahrheit am Krankenbett" und beziehen Sie dabei die im gesamten Abschnitt zum Problem der Lüge vorgestellten Überlegungen ein.

❷ Arbeiten Sie heraus, welche moralischen Prinzipien den Argumenten beider Seiten in der Diskussion um das Problem der „Wahrheit am Krankenbett" zugrunde liegen.

❸ Stellen Sie sich vor: Es soll gesetzlich neu festgelegt werden, ob und inwiefern Ärzte zur wahrheitsgetreuen und vollständigen Information ihrer Patienten verpflichtet sind; dazu werden auch Experten und Betroffene befragt. Verfassen Sie jeweils eine Stellungnahme zu dieser Frage aus der Perspektive eines Arztes, der diese Informationspflicht ablehnt, und aus der eines Patientenvertreters.
Ihre Stellungnahmen können Sie auch in einem Rollenspiel diskutieren (vgl. S. 64).

Folgen und Prinzipien

■ Die Diskussion um die Beurteilung der Lüge aus Menschenliebe führt zurück zur Frage, auf welche Prinzipien man sich in seinen moralischen Urteilen stützen sollte. Wer z. B. die Täuschung des Patienten zu dessen eigenem Besten für richtig hält, beurteilt eine Handlung moralisch danach, ob ihre Folgen den größtmöglichen Nutzen für die Betroffenen haben – eventuell auch dann, wenn diese mit der Handlung nicht einverstanden sind. Die Gegenposition vertritt demgegenüber, dass auch unabhängig von den nützlichen oder schädlichen Folgen bestimmte Prinzipien respektiert werden müssen – in diesem Fall sind dies der Anspruch des Patienten, die Wahrheit zu erfahren, und seine freie Entscheidung, sie hören zu wollen.

Die Frage, ob man eine Handlung nach ihren jeweiligen Folgen oder nach bestimmten festen Prinzipien beurteilen sollte, stellt sich auch in anderen moralischen Entscheidungssituationen, wie sie in den folgenden Beispielen vorliegen:

> **INFORMATION** **Teleologische und deontologische Ethik**
> Eine Ethik, die Handlungen von ihren *Folgen* her moralisch beurteilt, nennt man *teleologisch* (von griech. „Telos" = Ziel). Eine ethische Theorie, für die im Gegensatz dazu die moralische Richtigkeit einer Handlung nicht von deren Folgen abhängt, sondern davon, ob die Handlung selbst in Übereinstimmung mit bestimmten moralischen *Prinzipien* steht, wird eine *deontologische* Ethik (von griech. Deon = Pflicht/Sollen) genannt.

M 35

1) Tommie, der Hamster von Evas kleinem Bruder Florian, ist gestorben, als Florian ein paar Tage verreist war. Er wäre darüber sehr traurig; darum kauft Eva heimlich ein neues Tier, das ganz genauso aussieht, und setzt es in den Käfig. Florian freut sich bei seiner Rückkehr sehr, „Tommie" wieder zu sehen.

2) Max weiß, dass sein Vater sein Auto grundsätzlich nicht an andere verleiht – auch nicht an seinen eigenen Sohn. Max braucht das Auto dringend, um ein Vorstellungsgespräch für einen guten Job nicht zu verpassen. Er könnte das Auto nehmen – und wieder zurückbringen –, ohne dass es sein Vater merkt.

3) Zwei Wissenschaftler finden heraus, dass die Ergebnisse ihrer Forschungen ohne ihr Wissen zur Entwicklung eines chemischen Kampfstoffes verwendet werden. Sie überlegen, ob sie kündigen und damit Arbeitslosigkeit und finanzielle Probleme für ihre Familien riskieren sollen, obwohl klar ist, dass ihre Forschungen nach ihrem Ausscheiden von anderen weitergeführt würden.

❶ Überlegen Sie in den genannten Fällen, welche – positiven und negativen – Folgen die jeweilige Handlung voraussichtlich haben wird und um welche moralischen Prinzipien es jeweils geht. Erörtern Sie auf dieser Grundlage, welche Entscheidung in den Beispielen moralisch richtig ist, wenn man entweder von den Folgen oder von moralischen Prinzipien ausgeht.

2 Diskutieren Sie im Nachgang zu diesen Fällen und dem Beispiel der Notlüge, ob man in seinen moralischen Entscheidungen von der Abwägung der Folgen oder von bestimmten Prinzipien ausgehen sollte.

ZUSAMMENFASSUNG

▶ Der Kulturrelativismus folgert aus der Unterschiedlichkeit der Moralvorstellungen in den verschiedenen Kulturen, dass es keine allgemein gültigen Normen geben könne, und warnt davor, intolerant die eigenen Werte für die allein richtigen zu halten. Seine Kritiker werfen ihm vor, er könne nicht begründen, warum sich jeder an die Normen seiner Kultur halten sollte. Auch erklärt der Kulturrelativist zumindest die Toleranz zu einem allgemeinen Wert, während viele Kulturen ja selbst intolerant sind.

Eine relativistische Position müsste konsequenterweise darauf verzichten, an der ethischen Diskussion teilzunehmen. Denn auch wenn man sich im konkreten Fall nicht einigen kann, streitet man in sich einer solchen Diskussion ja gerade darum, welche moralischen Normen für alle gelten, und überschreitet damit die Grenze der Kultur.

▶ Mit dieser Kritik ist aber noch längst nicht entschieden, welche Normen richtig sind und warum bestimmte Normen wie die Menschenrechte für alle verbindlich sein sollen. Ein Grundprinzip könnte hier sein, dass jeder Mensch zunächst ein Individuum ist, das sich selbst bestimmen kann – auch gegen die Vorschriften seiner Kultur. Die Frage nach allgemein verbindlichen moralischen Maßstäben werden wir bei der späteren Beschäftigung mit der Ethik noch genauer untersuchen.

▶ In der Diskussion um die Frage, ob es moralisch richtig ist zu lügen, wenn man damit Menschen hilft oder sie vor Schaden schützt, gibt es zwei entgegengesetzte Positionen: Die eine hält die Ehrlichkeit für ein unverzichtbares Prinzip, da sonst das allgemeine Vertrauen verloren geht; die andere sieht es als höchstes moralisches Ziel, den Betroffenen zu nutzen. In dieser Diskussion zeigen sich zwei moralische Grundansätze: die Beurteilung einer Handlung nach ihren Folgen oder nach ihrer Übereinstimmung mit bestimmten Prinzipien. Diese Ansätze werden wir später weiter diskutieren.

MEDIENTIPPS

Literaturhinweise

Martens, Ekkehard (Hrsg.)
Das Wahrheitsgebot oder Muss man immer die Wahrheit sagen?
(Arbeitstexte für den Unterricht)
Stuttgart: Reclam 1987
(Nachdruck 1995)

Serap Çileli *Eure Ehre – unser Leid.*
Blanvalet: München 2008
(besonders S. 240)

Simone Dietz *Die Kunst des Lügens. Eine sprachliche Fähigkeit und ihr moralischer Wert.*
Rowohlt-Verlag: Reinbek 2003

Waris Dirie *Wüstenblume.*
Droemer Knaur: München 2001

Rainer Erlinger *Lügen haben rote Ohren. Gewissensfragen für kleine und große Menschen.*
List Verlag: Berlin 2004

Robert Spaemann
Moralische Grundbegriffe.
C. H. Beck: München 1982
(8. Aufl. 2009)

Tugendhat, Ernst; López, Celso; Vicuna, Ana María *Wie sollen wir handeln? Schülergespräche über Moral.*
Übersetzt von Reinhard Schwemmler.
Reclam Verlag: Stuttgart 2000
(4. Kapitel)

Link

http://sz-magazin.sueddeutsche.de/texte/liste/l/10
„Sie stecken in einer moralischen Zwickmühle?"
Kolumne von **Reiner Erlinger**
im Magazin der *Süddeutschen Zeitung*

Filmtipps

Die Fremde mit **Sibel Kekilli**
als Hauptdarstellerin.
Regie: **Feo Aladag**. Deutschland 2009
(123 Minuten)

Jakob der Lügner. Nach **Jurek Becker**.
DDR, 1974 (100 Minuten); USA, 1998
(120 Minuten)

Monsoon Wedding. Regie: **Mira Nair.**
Indien 2001 (109 Minuten)

Wüstenblume. Nach **Waris Dirie**.
Regie: **Sherry Hormann**.
Deutschland, Österreich 2009
(129 Minuten)

4 Was soll ich tun? (II)
Einführung in die Rechts- und Staatsphilosophie

Die Gerechtigkeit ist ohnmächtig ohne die Macht; die Macht ist tyrannisch ohne die Gerechtigkeit.
Die Gerechtigkeit erfährt viel Widerspruch, wenn sie keine Macht hat, weil es immer böse Menschen gibt; die Macht wird angeklagt, wenn sie nicht gerecht ist.
Man muss also die Gerechtigkeit und die Macht vereinigen, und dazu muss man bewirken, dass das mächtig sei, was gerecht ist, oder das gerecht sei, was mächtig ist.

Blaise Pascal
Gedanken. Über die Religion und einige andere Themen. Übersetzt von Wolfgang Büttenauer. Carl Schünemann Verlag: Bremen 1964 (6. Aufl.), S. 112 (Nr. 257)

Ein Beispiel: Der Fall „Bachmeier"

Was ist Strafe? – Strafe und Rache

Wozu dient Strafe?

Strafe als Vergeltung zur Wiederherstellung der Gerechtigkeit

Strafe zur Stärkung des Rechtsbewusstseins in einer gerechten Gesellschaft

Strafe als Prävention (Besserung und Abschreckung)

Die Kontroverse um die Todesstrafe

Ist die Todesstrafe wirkungsvoll?

Abschreckung als Illusion

Ist die Todesstrafe gerecht?

Gerechtigkeit als Wiedervergeltung

Wiedervergeltung als inhumaner Grundsatz

– Überlegen Sie, wofür die Figur der „Justitia" steht.

– Welche Bedeutung haben die einzelnen Darstellungselemente: Waage, Schwert, Augenbinde?

Justitia – die (römische) Göttin der Gerechtigkeit und des Rechtswesens

4.1 Ein Beispiel: Der Fall „Bachmeier"

„Der 6. März 1981 war der dritte Verhandlungstag im Prozess gegen Klaus Grabowski. Der 35 Jahre alte Schlachter aus Lübeck war angeklagt, die kleine Anna, Bachmeiers siebenjährige Tochter, am 5. Mai 1980 in seiner Wohnung vergewaltigt und erwürgt zu haben. Die Journalistin Barbara Kotte erinnert sich noch genau an die Schüsse. ‚Grabowski saß auf der Anklagebank, mit dem Rücken zur Tür. [...] Bachmeier kam zur Tür herein, zog eine Waffe und schoss. [...] Grabowski brach zusammen, wir wurden aus dem Saal gedrängt. Draußen stand der damalige Lebensgefährte von Marianne Bachmeier und jubelte: „Sie hat es getan!"'
dpa In: *Stuttgarter Zeitung*, 6.3.2006

Szenenbild aus dem Film *Der Fall Bachmeier – Keine Zeit für Tränen*

■ Der Tatort ist ein Saal des Lübecker Landgerichts. Dort erschoss die damals 31 Jahre alte Gastwirtin Marianne Bachmeier am 6. März 1981 den wegen Sexualverbrechen an Kindern vorbestraften Klaus Grabowski mit acht Schüssen. Dieser hatte gestanden, Frau Bachmeiers Tochter Anna in seine Wohnung gelockt und erwürgt zu haben. Marianne Bachmeier wurde später vor Gericht gestellt.

❶ Erörtern Sie, ob Marianne Bachmeiers Verhalten eine gerechtfertigte Reaktion auf die Tötung ihres Kindes war.

❷ Diskutieren Sie, ob eine Tat wie die von Frau Bachmeier bestraft werden sollte und – wenn ja – wie hoch die Strafe für diese Tat sein sollte.

❸ Der Triebtäter Klaus Grabowski hatte sich freiwillig kastrieren lassen und war trotzdem rückfällig geworden. Welches Urteil hätte das Gericht Ihrer Ansicht nach über ihn fällen sollen? Formulieren Sie eine Urteilsbegründung.

■ Anhand dieses Falles stellen sich verschiedene philosophische Fragen:
Mit welchem Recht strafen wir und mit welchem Recht bestraft man uns? Wer darf überhaupt strafen? Wozu dient eine Strafe und welche Strafen sind gerecht?
Bevor sich diese Fragen erörtern lassen, ist zu klären, was überhaupt unter „Strafe" verstanden werden kann. Ist z. B. die Tat von Marianne Bachmeier eine Strafe?

4.2 Was ist Strafe?

1 Diskutieren Sie, ob es sich in den folgenden Fällen um eine Strafe handelt:
- Marianne Bachmeier erschießt den Mörder ihrer Tochter im Gerichtssaal.
- Schülerinnen setzen negative Informationen über eine Mitschülerin ins Internet, weil diese einer von ihnen den Freund „ausgespannt" hat.
- Einem Autofahrer wird von einem anderen der Außenspiegel abgefahren. Der geschädigte Fahrer tritt dem anderen Wagen die Tür ein.
- Jugendliche, die Steine von einer Autobahnbrücke geworfen und eine Autofahrerin verletzt haben, kommen in ein Erziehungsheim.
- Ein Schüler, der trotz Verbot auf der Klassenfahrt Alkohol trinkt, bekommt von der Schule einen schriftlichen Verweis.

■ Sicher kennen Sie das Sprichwort „Strafe muss sein." Was aber ist eine Strafe? In einem sehr weiten Sinn des Wortes könnte man alle Maßnahmen in den Beispielen als „Strafe" verstehen. Es ist jedoch sinnvoll, den Begriff enger zu fassen.

Zunächst einmal kann man Strafen von privaten Rachemaßnahmen unterscheiden. Der Autofahrer in unserem Beispiel befriedigt auf willkürliche Weise sein persönliches Rachebedürfnis. Strafen dagegen dienen nicht der persönlichen Rache und sie sind an vorher festgelegte Regeln gebunden. Darum sind wir mit Recht empört, wenn ein Schüler deshalb bestraft wird, weil der Lehrer sich rächen will, und auch dann, wenn er die Strafe willkürlich festgelegt.

Strafen dürfen nur die, die dazu berechtigt sind. In Schule und Familie sind dies Eltern und Lehrer, in der Gesellschaft allgemein die damit beauftragten Vertreter des Staates wie Richter und Polizisten. Im Folgenden geht es vor allem um staatliche Strafen. Der demokratische Rechtsstaat verhängt seine Strafen nach Gesetzen – nach Regeln also, die sich das Staatsvolk selbst gegeben hat. In den meisten Fällen verhängt der moderne Staat Geld- und Freiheitsstrafen gegen Menschen, die ein besonders sozialschädliches Verhalten gezeigt haben. Diese Sanktionen machen das Strafrecht aus und sind im Strafgesetzbuch (StGB) zusammengefasst.

> **INFORMATION** Strafe und Rache
>
> Rache ist die private Schädigung eines Mitmenschen für vermeintlich oder tatsächlich erlittenes Unrecht nach eigenem Ermessen.
> Strafe ist demgegenüber die Sanktion eines Fehlverhaltens durch eine dazu autorisierte Instanz (z. B. Eltern, Lehrer, Polizisten, Richter) nach einem festgelegten Strafmaß.

Von der Rache zur Strafe
Ursprünglich herrschte in vielen Ländern das Prinzip der Rache: Wenn ein Unrecht geschah, nahm die Sippe Rache an der Sippe des Täters und wahrte dadurch ihre Ehre. Im Falle eines Mordes konnte dieses Prinzip eine Kettenreaktion bis zur Auslöschung der Beteiligten auslösen. Häufig konnte man sich jedoch auch durch ein Sühnegeld freikaufen.
Daneben gibt es seit langer Zeit im Orient und im Mittelmeerraum staatliche Strafen nach schriftlich festgehaltenem Recht. Römische Beamte führten ihr Recht in den von ihnen kontrollierten Gebieten ein und auch die Germanen übernahmen allmählich diese römische Rechtstradition. Das Prinzip staatlicher Strafen nach schriftlich fixiertem Recht setzte sich im Verlauf der europäischen Geschichte immer weiter durch.

4.3 Wozu dient Strafe?

■ Im Prozess von 1981 bis 1983 gegen Marianne Bachmeier sagten ihre Anwälte, Frau Bachmeier habe die Tat vorher nicht geplant. Das Gericht folgte der Argumentation der Verteidigung, machte mildernde Umstände geltend und verurteilte Marianne Bachmeier zu sechs Jahren Haft. Von Fernsehkameras begleitet zog sie ins Gefängnis ein. Nach drei Jahren kam sie frei.

Marianne Bachmeier vor Gericht

❶ Diskutieren Sie die Berechtigung der Strafe, die Marianne Bachmeier erhalten hat. Welche Strafe hätte Grabowski nach Ihrer Meinung bekommen sollen?

> Frau Bachmeier hätte man nicht bestrafen brauchen – sie hätte mit Sicherheit nie wieder eine solche Tat begangen.

> Grabowski hätte sein Leben lang hinter Gittern bleiben müssen, um seine Schuld einzusehen.

> Der Zorn der Mutter ist verständlich, aber ihre Tat bleibt ein Verbrechen. Wenn sie straffrei ausgegangen wäre, würde jeder demnächst auch so handeln.

> Man sollte Triebtäter in lebenslange Einzelhaft nehmen, nur das kann solche Leute abschrecken.

> Seine freiwillige Kastration hätte mit einer Therapie ergänzt werden müssen.

> Sie hat einen Menschen getötet, das muss wieder gut gemacht werden.

> Man sollte Leute wie ihn lebenslang wegsperren, um die Kinder bei einem Rückfall zu schützen.

❷ Welche der Gründe, die in den Sprechblasen für oder gegen eine Bestrafung von Bachmeier und Grabowski genannt werden, halten Sie für überzeugend.

❸ Listen Sie die Gründe auf und ordnen Sie diese nach folgenden Aspekten: ausgleichende Gerechtigkeit, Schutz der Gesellschaft, Besserung des Verbrechers, Reue.

4.3.1 Gerechtigkeit oder Schutz der Gesellschaft – zwei Positionen

■ An den Beispielen wird deutlich, dass eine Strafe mit ganz verschiedenen Zielen oder Zwecken begründet werden kann. Zwei Ansätze stehen sich gegenüber:
1) **Strafe als Vergeltung zur Wiederherstellung der Gerechtigkeit** und
2) **Strafe als Vorbeugung** („Prävention"):

> **INFORMATION** Absolute und relative Straftheorie
>
> Die absolute Straftheorie (oder Wiedervergeltungstheorie) geht nur von der Tat und der Schuld des Täters aus. Die Strafe soll als Vergeltung für das begangene Unrecht die vom Täter gestörte Gerechtigkeit wiederherstellen. Dadurch kann der Täter seine Schuld abgelten und wieder ein vollwertiges Mitglied der Rechtsgemeinschaft werden; den Opfern wird Genugtuung geboten. Die Strafe ist unabhängig (absolut) von irgendwelchen Zielen außerhalb der begangenen Tat selbst (wie dem Schutz der Gesellschaft).
>
> Die relative Straftheorie (oder Präventionstheorie) sieht den Schutz der Gesellschaft und die Besserung des Täters als Hauptziele der Strafe; ihr Wert ist relativ in Bezug auf ihren zukünftigen Nutzen. Die Strafe dient der Vorbeugung („Prävention") gegen weitere Straftaten. Ihre vorbeugende Wirkung besteht in der Generalprävention und der Spezialprävention. Mit *Generalprävention* ist gemeint, dass andere mögliche Täter abgeschreckt werden und das Vertrauen in das Rechtssystem gestärkt wird. Dagegen setzt die *Spezialprävention* mit ihrer Vorbeugung beim Täter selbst an. Auch er soll für die Zukunft von weiteren Straftaten abgeschreckt werden, er soll aber auch durch Besserung bzw. Therapie resozialisiert, d.h. wieder in die Gesellschaft integriert werden. Wenn das nicht möglich ist, kann es auch notwendig sein, den Täter durch eine *Sicherungsverwahrung* – also durch langfristiges Wegsperren – unschädlich für die Gesellschaft zu machen.

❶ Ordnen Sie die oben in den Sprechblasen genannten Begründungen für denkbare Bestrafungen von Marianne Bachmeier und Klaus Grabowski den unterschiedlichen Ansätzen der Straftheorie zu.

❷ Erläutern Sie die im folgenden Schaubild (S. 81) aufgeführten Strafzwecke am Beispiel der Fälle Grabowski und Bachmeier.

Überblick über die Zwecke der Strafe in verschiedenen Straftheorien

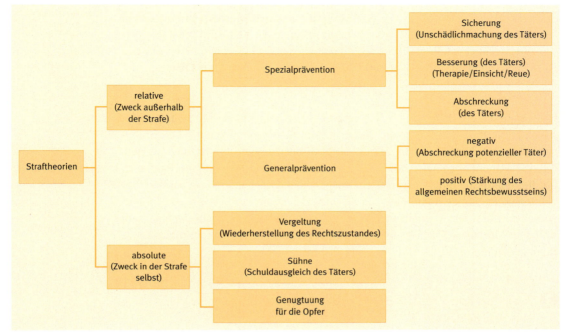

Frei nach **Uwe Scheffler** Prolegomena zu einer systematischen Straftheorielehre. In: *Jahrbuch für Recht und Ethik* 3(1995), 375–400

4.3.2 Vergeltung und Gerechtigkeit als Zweck der Strafe

1 Ein Naziverbrecher lebt seit über 60 Jahren als gesetzestreuer Bürger, bevor er enttarnt wird. Erörtern Sie unter Bezugnahme auf die verschiedenen Strafbegründungen, ob man ihn jetzt noch vor Gericht stellen und verurteilen sollte.

2 Stellen Sie sich vor, Sie hätten im Affekt einen Menschen getötet. Sie könnten wählen, ob Sie für diese Tat lieber in die geschlossene Abteilung einer psychiatrischen Klinik oder wegen Totschlags ins Gefängnis kommen. Begründen Sie Ihre Entscheidung und überlegen Sie, auf welche Straftheorie sich ihre Entscheidung bezieht.

■ Wie vor allem die erste Aufgabe zeigt, knüpft die *absolute Straftheorie* an verbreitete Vorstellungen von Gerechtigkeit an, wenn sie verlangt, dass ein Verbrechen wie das des Täters aus der Nazizeit auf jeden Fall bestraft wird – unabhängig vom Nutzen für die Gesellschaft. Da für sie die Wiederherstellung der Gerechtigkeit die einzige Funktion der Strafe ist, soll die Höhe der Strafe nur von der Schwere des Verbrechens abhängig sein. Der Philosoph Immanuel Kant (1724–1804) beschreibt das so genannte Wiedervergeltungsrecht so:

M 36 Welche Art aber und welcher Grad der Bestrafung ist es, welche die öffentliche Gerechtigkeit sich zum Prinzip und Richtmaße macht? Kein anderes, als das Prinzip der Gleichheit […]. Also: Was für unverschuldetes Übel du einem anderen im Volk zufügst, das tust du dir selbst an. […] Nur das Wiedervergeltungsrecht (ius talionis) aber, wohl zu verstehen, vor den Schranken des Gerichts (nicht in deinem Privaturteil)[1], kann die Qualität und Quantität der Strafe bestimmt angeben.

Immanuel Kant *Die Metaphysik der Sitten. Rechtslehre.* Werke in 12 Bd. Hrg. von Wilhelm Weischedel. Bd. VII. Suhrkamp: Frankfurt/Main 1979, S. 453 f. [B227]

Nach Kant soll der Schaden, den ein Verbrecher verursacht hat, ihm selbst wieder zugefügt werden. Diese Position entspricht teilweise dem volkstümlichen Grundsatz „Auge um Auge, Zahn um Zahn", der in verfälschender Übersetzung aus dem Alten Testament abgeleitet wird (vgl. S. 97). Aber sie bedeutet weder für Kant noch für die Hebräische Bibel, dass das Verbrechen selbst noch einmal am Täter verübt werden sollte, sondern nur, dass die Schwere der Strafe der Schwere der Tat entsprechen muss. Der Freiheitsentzug im Gefängnis ist z. B. deshalb angemessen, weil dem Täter seine Freiheit, die er für die Tat genutzt hat, für einen gewissen Zeitraum genommen wird.

1 Privaturteil: hier: die Rache; diese lehnt Kant ab.

Im antiken Israel sollte dieses Prinzip die im Alten Orient verbreitete „Blutrache" eindämmen und so die Verhältnismäßigkeit der Mittel sichern.

❸ Veranschaulichen Sie sich das Prinzip und das Verfahren der Strafzumessung nach Kant an Beispielen.

❹ Diskutieren Sie die Frage, ob die Argumente für das Wiedervergeltungsprinzip überzeugend sind und ob es ein guter Maßstab für die Praxis ist.

■ Die Vertreter der absoluten Straftheorie lehnen es ab, einen Täter nur deshalb zu bestrafen, um andere abzuschrecken, denn so geht nach ihrer Ansicht der Zusammenhang von Tat und Strafe verloren und man benutzt – so sagt Kant – den Täter nur als Mittel zum Schutz der Gesellschaft, als bloßes Objekt, und nimmt ihm so seine Menschenwürde. Vor allem der deutsche Philosoph Georg Wilhelm Friedrich Hegel (1770–1831) kritisiert das Verständnis der Strafe als Abschreckung auch deshalb, weil es den Täter nicht als einen Menschen ernst nimmt, der für seine Tat verantwortlich ist.

„Richterliche Strafe […] kann niemals bloß als Mittel, ein anderes Gute zu befördern, für den Verbrecher selbst, oder für die bürgerliche Gesellschaft, sondern muss jederzeit nur darum wider ihn verhängt werden, weil er verbrochen hat; denn der Mensch kann nie bloß als Mittel zu den Absichten eines anderen gehandhabt werden."
Immanuel Kant *Die Metaphysik der Sitten.* Rechtslehre. A. a. O., S. 453 [B226]

M 37 [Die Drohung mit der Strafe] setzt den Menschen als nicht Freien voraus und will durch die Vorstellung eines Übels zwingen. Das Recht und die Gerechtigkeit müssen aber ihren Sitz in der Freiheit und im Willen haben und nicht in der Unfreiheit, an welche sich die Drohung wendet. Es ist mit der Begründung der Strafe auf diese Weise, als wenn man gegen einen Hund den Stock erhebt, und der Mensch wird nicht nach seiner Ehre und Freiheit, sondern wie ein Hund behandelt.

Georg Wilhelm Friedrich Hegel *Grundlinien der Philosophie des Rechts* (1821). Werke in 20 Bänden. Hrsg. v. Eva Moldenhauer/ Karl Markus Michel. Bd. 7. Suhrkamp: Frankfurt/M. 1970, S. 191 (§ 100)

Als freier Mensch hat der Täter für Hegel auch einen Anspruch darauf, seiner Tat entsprechend bestraft und nicht nur als unzurechnungsfähiges Wesen (therapeutisch) behandelt oder wie ein gefährliches Tier „unschädlich" gemacht zu werden (vgl. S. 95).

5 Erläutern Sie die Argumentation von Kant und Hegel an folgenden Beispielen:
- Ein Dieb muss zur Abschreckung am „Pranger" stehen.
- Ein ehemaliger Terrorist lehnt es beim Prozess ab, sich psychiatrisch untersuchen zu lassen.

Wegen Ladendiebstahls von einem Gericht in Alabama (USA) verurteilt: Wahlweise 60 Tage Gefängnis – oder an zwei Tagen für vier Stunden behängt mit einem Schild vor dem bestohlenen Geschäft stehen.

■ Die absolute Straftheorie ist umstritten, denn sie blickt nur rückwärts auf die Tat und interessiert sich nicht dafür, welche Folgen die Strafe für den Täter und die Gesellschaft hat. Der zeitgenössische Strafrechtstheoretiker und ehemalige Richter am Bundesverfassungsgericht Winfried Hassemer (geb. 1940) kritisiert das vergeltende Strafrecht, also die absolute Straftheorie, folgendermaßen:

M 38 Stellen wir uns die Haltung des vergeltenden Strafrechts einmal bildlich vor: Nach dem Ausspruch einer – unterstellt: dem Unrecht und der Schuld angemessenen – Strafe hat das vergeltende Strafrecht die Hände in den Schoß gelegt und ist an dem, was nun folgt, […] desinteressiert […]. Die Arbeit des Strafrechts ist getan; was im Strafvollzug passiert, ist nicht Sache dieser […] Vorstellung vom Sinn der Strafe. […]
Angesichts des Leids, das das Verbrechen über die Opfer bringt, angesichts des Leids, in das die Strafe die Verurteilten schickt, angesichts der Verängstigungen und Irritationen, in die wir alle durch Verbrechen und Bestrafung geraten, ist diese Haltung einfach zu karg […], sie passt nicht zur Situation. […] Es reicht nicht hin, der Strafe aufzutragen, eine durch das Verbrechen verletzte Norm normativ zu reparieren, ein normatives System in einen Ausgleich zu bringen. […] Die Rechtfertigung der Strafe muss in unseren Zeiten darauf verweisen können, dass ohne Verhängung und Vollstreckung dieser Strafe „die Welt" schlechter dastünde, dass die Strafe Schäden beseitigt und Gefahren mindert, kurz: dass sie den Eingriff wert ist, weil sie hienieden [auf dieser Welt, nicht erst im Jenseits] Gutes tut.

„Gegen die Vergeltungstheorien spricht […] folgender Gedanke: Nur ein Teil moralisch zu missbilligender Handlungen wird vom Strafrecht überhaupt erfasst; […]. Wir müssen es Gott überlassen, endgültig über moralische Schuld zu urteilen."
Günther Patzig
Ethik ohne Metaphysik. Vandenhoeck & Ruprecht: Göttingen 1971, S. 28

Winfried Hassemer
Warum Strafe sein muss. Ein Plädoyer. Ullstein: Berlin 2009, S. 67 f.

6 Erläutern Sie an Beispielen, warum das Vergeltungsstrafrecht nach dem Urteil Hassemers „die Hände in den Schoß legt".
Diskutieren Sie seine Einwände gegen ein solches Strafrecht.

4.3.3 Prävention als Zweck der Strafe

■ Im Gegensatz zur absoluten Straftheorie blickt die relative Straftheorie in die Zukunft: Sie möchte die Gesellschaft sicherer und den Täter besser machen – nur so lässt sich für sie eine Strafe rechtfertigen. Es kann für die Vertreter dieser Theorie nicht die Aufgabe des Staates sein, durch Strafen eine ideale Gerechtigkeit wiederherzustellen. Auch Höhe und Art der Strafe richten sich für diese Straftheorie daran aus, wie man eine Abschreckung und die Besserung des Täters erreichen kann.

1 Überlegen Sie an Beispielen – auch aus dem Bereich der Jugendkriminalität –, welche Strafen ein Gericht sinnvollerweise verhängen sollte, wenn es den Gesichtspunkt der Prävention und der Resozialisierung beachtet.

2 Erörtern Sie die Berechtigung der Strafe in folgenden Fällen:
– In letzter Zeit wurde diskutiert, ob man Tätern, die wiederholt bei Einbrüchen gefasst wurden, den Führerschein entziehen sollte.
– In einigen US-Bundesstaaten wurden Gesetze erlassen, nach denen zweimal vorbestrafte Täter bei einer neuen Tat mit einer lebenslangen Freiheitsstrafe rechnen müssen. Dabei wurden verschiedentlich Täter für einen bloßen Diebstahl zu einer Freiheitsstrafe von „25 Jahren bis lebenslang" verurteilt.

■ Die Beispiele in Aufgabe 2 zeigen, dass es problematisch sein kann, sich bei der Strafhöhe nur daran zu orientieren, wie die Gesellschaft am besten geschützt wird. Auf diese Gefahr und darauf, dass man hier den Aspekt einer gerechten Wiedervergeltung nicht vernachlässigen sollte, weist auch Winfried Hassemer hin.

M 39 Eine Strafe, die zum Maß des Unrechts und der Schuld eines Verbrechens nicht im Gleichgewicht steht, weil sie maßlos ist, ist schon von vornherein keine „Vergeltung": Sie ist keine „Antwort" auf dieses Verbrechen, und sie ist schon gar keine „angemessene" Antwort. […]
5 Das Bedürfnis nach einer Verbesserung der Welt, das [die] Konzepte [der Präventionstheorie] mit Leben erfüllt, treibt sie mit demselben Nachdruck zu ständiger Verbesserung ihrer spezial- und generalpräventiven Instrumente […]. Der Maßstab der Prävention ist nicht Gerechtigkeit, ist nicht Angemessenheit der Strafe als Antwort auf das Verbrechen, sondern ist Effizienz beim
10 Einsatz der präventiven Instrumente.

Winfried Hassemer
Warum Strafe sein muss. Ein Plädoyer.
Ullstein: Berlin 2009, S. 71 f.

3 Hassemer behauptet, die Präventionstheorie führe zur ständigen Verschärfung von Strafen. Erläutern Sie an Beispielen (vgl. Aufg. 2), wie dies zustande kommt.

4 Verfassen Sie eine schriftliche Erörterung: Soll Strafe nur der Prävention dienen?

METHODE

Eine philosophische Erörterung verfassen

Eine philosophische Erörterung hat das Ziel, zu einem begründeten Urteil über eine philosophische Fragestellung oder ein Problem zu gelangen. Dieses Problem kann direkt oder im Anschluss an einen philosophischen Text erörtert werden.

Entscheidend für beide Formen ist das philosophische Argumentieren (vgl. S. 130), d. h. das kritische Prüfen der zentralen Behauptungen, ihrer Voraussetzungen und möglichen Folgen. Da unterschiedliche Lösungsansätze bzw. Positionen einbezogen werden sollen, besteht das Erörtern im Abwägen verschiedener Positionen, von deren „Für und Wider". Auch unsere eigenen Erfahrungen und Überzeugungen können in eine solche dialektische Erörterung einbezogen werden.

Vor der schriftlichen Formulierung Ihrer philosophischen Erörterung sollten Sie sich zuerst über Ihre *eigene Position* gegenüber dem Ausgangsproblem klar werden. Diese formulieren Sie am besten in Form einer These. Dann erstellen Sie eine *Pro-und-Kontra-Sammlung* von Argumenten (inkl. Beispielen).

Für die Ausformulierung können Sie zwischen zwei *Bauplanprinzipien* wählen: Entweder führen Sie, nach Art eines Dialoges, Argumente und Beispiele für und gegen Ihre Position in ständigem Wechsel auf („Ping-Pong-Prinzip"), wobei Sie die Gegenargumente jeweils sofort entkräften. Oder Sie entfalten zuerst fortlaufend, in der Reihenfolge ihrer abnehmenden Wichtigkeit, die Gegenargumente zu Ihrer Position, um im folgenden Textblock, in umgekehrter Reihenfolge, Ihre eigenen Argumente und Beispiele darzulegen („Sanduhrprinzip"). In beiden Fällen sollte das stärkste Argument für Ihre These am Ende stehen und auch am ausführlichsten durch Beispiele erläutert werden.

Für die dialektische Erörterung gilt der *Aufbau:* Einleitung – Hauptteil – Schluss. In der Einleitung können Sie z. B. auf die Relevanz des Problems hinweisen, im Schlussteil noch einmal Ihre Position zusammenfassend aus der Argumentation im Hauptteil ableiten. Ihre eigene Position kann neben der Zustimmung zu oder der Ablehnung von fremden Lösungsansätzen auch Kompromisse bzw. Verbindungen zwischen diesen Ansätzen beinhalten.

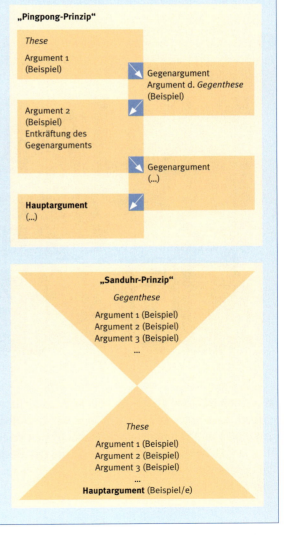

■ Beide vorgestellten Ansätze zur Strafbegründung können fragwürdige Konsequenzen haben: Bei der relativen Straftheorie kann die Bemühung um Prävention dazu führen, unangemessen hohe Strafen zu verhängen und den Täter zum Objekt zu machen. Außerdem ist der Abschreckungserfolg zweifelhaft, denn die Rückfallquote ist bei bestimmten Tätern sehr hoch; auch halten sich viele Bürger weniger aus Angst vor Strafe als vielmehr aus moralischen Gründen an grundlegende Gebote wie das Tötungsverbot.

Auf der anderen Seite konzentriert sich die absolute Straftheorie auf die Vergeltung der Tat und blendet aus, welche gesellschaftlichen Auswirkungen der Schuldspruch hat und wie man eine Resozialisierung des Täters und ein sichereres Leben für alle Bürger erreichen kann.

4.3.4 Strafen in einer gerechten Gesellschaft

❶ Das Bild zeigt Strafen, die teilweise noch im 18. Jahrhundert üblich waren. Beschreiben Sie diese Strafen und überlegen Sie, warum sie in vielen Ländern unüblich geworden sind.

Strafen im Mittelalter

■ Schon während der Epoche der Aufklärung hatte sich die Überzeugung durchgesetzt, dass jeder Mensch über eine Würde verfüge und deshalb grausame Hinrichtungen und Verstümmelungen abzulehnen seien. In einem modernen Rechtsstaat ist die Achtung der Menschenwürde des Bestraften eine Minimalbedingung dafür, dass eine Strafe „gerecht" sein kann; eine grausame Strafe ist auf jeden Fall ungerecht.

„Es sollen [...] [keine] grausamen und ungewöhnlichen Bestrafungen angewendet werden."
8. Zusatz der Verfassung der USA

Auf dieser Grundlage muss man den Sinn bzw. den Zweck der Strafe im modernen Rechtsstaat genauer bestimmen. Jede der beiden vorgestellten Theorien über diesen Zweck hat hier – wie deutlich wurde – ihre Schwächen. In der juristischen Praxis in Deutschland werden daher Überlegungen aus beiden Ansätzen umgesetzt. Winfried Hassemer klärt dies im Folgenden:

M 40

Sinn macht es […] zu versuchen, ob das, was an den Lehren von der Strafe überdauern kann, sich in ein neues Gebäude einfügen lässt. […] Drei grundlegende Topoi [Punkte], drei […] Leitsterne sind es, die auch nach dem […] Streit über den Sinn der Strafe standhalten können: Menschenwürde, Wirkung und Maß.
5
1. Der Schutz und die Achtung der Menschenwürde sind das Ein und Alles eines Rechtsstaats: Kein noch so heiliger Zweck, keine Rücksicht auf was immer rechtfertigt ein „Antasten" dieses Kerns der menschlichen Existenz (vgl. Art. 1 GG).
10
2. Dass Strafen sich auch an ihrer Wirkung rechtfertigen müssen […], ist in einem modernen Rechtsstaat […] eine Selbstverständlichkeit. Dies in die Strafzieldiskussion eingeführt zu haben, dürfen sich die modernen Theorien [d. h. die relativen Straftheorien] rühmen. […]
3. Die Angemessenheit der Strafe als Antwort auf das Verbrechen […] stammt
15
aus der Tradition der repressiven Lehren [d. h. der absoluten Straftheorien].

„Die Schuld des Täters ist Grundlage für die Zumessung der Strafe. Die Wirkungen, die von der Strafe für das künftige Leben des Täters in der Gesellschaft zu erwarten sind, sind zu berücksichtigen."
Aus dem Strafgesetzbuch (StGB), § 46 I.

„Die Würde des Menschen ist unantastbar. Sie zu achten und zu schützen ist Verpflichtung aller staatlichen Gewalt."
Artikel 1 Grundgesetz (GG) der Bundesrepublik Deutschland

Winfried Hassemer: Warum Strafe sein muss. Ein Plädoyer. Ullstein: Berlin 2009, S. 94f.

■ Eine Strafe gilt nach heutiger Überzeugung als gerecht, wenn das Strafmaß dem Maß der Schuld entspricht und sich zugleich am Schutz der Gesellschaft orientiert und wenn die Strafe die Menschenwürde des Täters und des Opfers respektiert.

Strafen, die diese Kriterien erfüllen, sind nicht mehr Maßnahmen einer Obrigkeit, mit denen sie die Untertanen von Verbrechen abschreckt, sondern sie sind Ausdruck des Rechtsbewusstseins der Bürger eines demokratischen Staates. Die Gesetze, nach denen Recht gesprochen wird, werden nach öffentlichen Diskussionen, z. B. in den Medien, von den gewählten Abgeordneten verabschiedet. Die Gerichte und die Staatsgewalt setzen diese Gesetze gegenüber denen durch, die dagegen verstoßen haben, indem sie Strafen verhängen. Dadurch wird das Rechtsbewusstsein der Bürger gestärkt, sie erfahren, dass der demokratische Rechtsstaat *ihr* Rechtsstaat ist, dass dessen Gesetze auch *ihre* Gesetze sind und dass diesen Gesetzen auch Geltung verschafft wird. Die Bürger können sich so mit der Rechtsordnung identifizieren, und diese Identifikation kann und soll sie auch von Straftaten abhalten.

Wenn dagegen die Bürger eines Staates den Eindruck haben, dass das Recht nicht *ihr* Recht ist oder dass die Gesetze nicht angewandt werden und z. B. Reiche und Mächtige ungestraft gegen sie verstoßen können, dann wird der einzelne Bürger sich nicht mit der Rechtsordnung identifizieren und weniger bereit sein, sich an sie zu halten.

Wenn die Justiz aber die Rechtsvorstellungen der Bürger in einem gerechten Verfahren durchsetzt, trägt sie dazu bei, eine sowohl gerechte als auch sichere Gesellschaft zu schaffen:

M 41 Alles Recht ist unser Recht. Auch das Strafrecht. […] Strafrecht als unser Recht ist nicht nur die Drohung mit der Strafe, es ist auch der Schutz von Rechtsgütern, die Schonung des Verdächtigten und Verurteilten, die Ge-
5 nugtuung für das Opfer, ist der faire Prozess als öffentlich sichtbares Muster einer sozialen Kontrolle, die die Menschenrechte aller Betroffenen und Beteiligten in Schutz nimmt. Und Rechtsstaat ist nicht die ängstliche Unterwerfung unter den drohenden Knüppel, sondern ist die erprobte Einsicht in die
10 Vernünftigkeit der Gesetze und deren Anwendung, und ist das begründete Vertrauen in die allgemeine Geltung der Normen, eine Geltung, die sich nach der Normverletzung dadurch wieder herstellt, dass wir durch die Strafe gegenüber dem Verletzer öffentlich an der verletzten Norm festhalten und ihren Bruch nicht gelten lassen.

Winfried Hassemer
Warum Strafe sein muss, a. a. O., S. 107–109

2 Informieren Sie sich über Verfahrensregeln bei einem Strafprozess und die Rolle des Verteidigers. Erklären Sie deren Funktion mit Hilfe des Textauszuges von Hassemer.

Vielleicht haben Sie die Möglichkeit, einmal eine Gerichtsverhandlung zu besuchen ...

3 Verdeutlichen Sie sich die Überlegungen Hassemers an einem Gedankenexperiment:
Stellen Sie sich einen Staat vor, in dem der Herrscher bei Vergehen der Untertanen willkürlich und ohne Gerichtsverfahren Strafen verhängt. Vergleichen Sie das Lebensgefühl der Menschen und ihr Verständnis von Recht und Unrecht in einem solchen Staat mit dem bei uns.

4 Inwiefern begründen die Überlegungen von Hassemer ein Verständnis von Recht, das sowohl die Prävention als auch die Vergeltung einschließt. Zeigen Sie dabei auf, in welcher Weise beide Positionen modifiziert werden.

5 Das Rechtsbewusstsein einer Gesellschaft wandelt sich ständig. Früher ...
– standen homosexuelle Handlungen unter Strafe, heute nicht mehr;
– war die Prügelstrafe in der Schule erlaubt, heute ist sie verboten;
– durften Fabriken Chemikalien ins Abwasser leiten, heute wird das strafrechtlich verfolgt.
Diskutieren Sie: Ist der Wandel des Rechtsbewusstseins zufällig (wie der in der Mode) oder kann man ihn als Ergebnis einer vernünftigen Diskussion in einer demokratischen Gesellschaft verstehen?

4.4 Die Kontroverse um die Todesstrafe

■ „Niemand darf zur Todesstrafe verurteilt oder hingerichtet werden." Dieser Erklärung der Europäischen Menschenrechtskonvention haben inzwischen alle Staaten des Europarates zugestimmt, zuletzt im Jahre 2002 auch die Türkei. Damit kann die Todesstrafe in Europa als abgeschafft angesehen werden. Das gilt allerdings nicht für die bevölkerungsreichsten und mächtigsten Staaten der Welt, unter ihnen die USA, Japan und China: Hier werden nach wie vor Todesurteile verhängt und vollstreckt, und die Mehrheit der Bevölkerung dieser Staaten bejaht die Todesstrafe für den Fall, dass der Täter selber einen Menschen ermordet hat. Die einem solchen Fall zugrunde liegende Kontroverse soll im Weiteren geführt werden.

„Mörder ist, wer aus Mordlust, zur Befriedigung des Geschlechtstriebes, aus Habgier oder sonst aus niederen Beweggründen, heimtückisch oder grausam oder mit gemeingefährlichen Mitteln […] einen Menschen tötet."
StGB § 211 (2)

1 Recherchieren Sie, z. B. im Internet, in welchen Ländern die Todesstrafe im Gesetz vorgesehen ist und in welchen Staaten sie am häufigsten praktiziert wird.

2 Begründen Sie, warum Sie für oder gegen die Todesstrafe bei Mord sind. Argumente Pro und Kontra können Sie mit Hilfe der Methode „Strukturierte Kontroverse" finden und erörtern.

METHODE ZUR LERNORGANISATION

Strukturierte Kontroverse

▶ Bilden Sie zuerst Vierergruppen mit je einem Paar für die Pro- und einem Paar für die Kontra-Seite. Die Gruppenbildung können Sie nach dem Zufallsprinzip, z. B. mit Spielkarten, vornehmen (Zahl/Blatt bestimmt die Zugehörigkeit zu einer Vierergruppe, Farbe bestimmt die Position Pro oder Kontra). Falls in Ihrer Lerngruppe Pro- und Kontra-Positionen einigermaßen gleichmäßig verteilt sind, können Sie auch auf dieser Grundlage die Gruppen bilden.

▶ Nun sammelt zuerst jeder für sich und dann im Austausch mit dem Partner Argumente für oder gegen die Todesstrafe (oder ein anderes kontroverses Thema) und hält sie schriftlich fest. Anschließend präsentieren sich die Paare gegenseitig ihre Argumente und diskutieren sie kontrovers.

Danach werden die Blätter mit den aufgeschriebenen Argumenten getauscht und jedes Paar ordnet die Argumente der Gegenseite nach ihrem Gewicht. Ggf. können Sie nun noch einmal mit verteilten Rollen diskutieren und dabei neu auftauchende Argumente festhalten.

Falls die Diskussion zu einer Einigung führt, wird diese mit ihren Begründungen notiert; ansonsten genügt das abschließende Fixieren der gefundenen Argumente für beide Seiten.

4.4.1 Die Todesstrafe – eine wirkungsvolle Strafe?

■ Ein zentrales Argument für die Todesstrafe ist ihre abschreckende Wirkung. Viele Staaten halten an ihr fest und viele Bürger dieser Staaten befürworten sie, weil sie glauben, sich durch den Abschreckungseffekt dieser Strafe am besten vor Mord schützen zu können (sog. Theorie der Generalprävention).

Vgl. S. 80

> **1** Was meinen Sie: Hat die Todesstrafe auf zukünftige potentielle Mörder einen abschreckenden Effekt?

■ In Frankreich wurden bis zum Jahr 1977 regelmäßig Todesstrafen durch die Guillotine vollstreckt, weil man vermutete, sie würde potenzielle Täter abschrecken. Der existenzialistische französische Philosoph und Dramatiker Albert Camus (1913–1960) setzt sich in einem um 1955 entstandenen Essay mit diesem Argument auseinander. Auch aufgrund des politischen Einflusses, den sein Essay entfaltet hatte, wurde die Todesstrafe in Frankreich 1981 abgeschafft.

M 42 Die Anhänger der Todesstrafe führen bekanntlich als Hauptargument an, mit dieser Strafe werde ein Exempel statuiert. Die Köpfe würden nicht nur abgehauen, um ihre Inhaber zu bestrafen, sondern ebenso sehr, um all-
5 fällige Nachahmer durch eine entsetzliche Warnung abzuschrecken. Die Gesellschaft nehme keine Rache, sie wolle bloß vorbeugen. [...] Dieses Argument könnte wohl beeindrucken, wenn wir nicht feststellen müssten, dass
1. die Gesellschaft selber nicht an das Exempel glaubt;
10 2. nichts beweist, dass die Todesstrafe auch nur einen einzigen zum Mord entschlossenen Menschen von seinem Vorhaben abgebracht hätte, während sie offenkundig auf Tausende von Verbrechern gar keine oder höchstens eine faszinierende Wirkung ausgeübt hat;
15 3. die Todesstrafe in anderer Hinsicht ein widerliches Beispiel darstellt, dessen Folgen unvorhersehbar sind.
Zunächst einmal glaubt die Gesellschaft selber nicht, was sie sagt. Wenn sie wirklich daran glaubte, würde sie die Köpfe zur Schau stellen. Dann ließe sie den Hinrichtun-
20 gen den gleichen Aufwand an Reklame zuteil werden, mit dem für gewöhnlich Staatsanleihen oder ein neuer Aperitif lanciert werden. Bekanntlich finden die Hinrichtungen bei uns jedoch nicht mehr in der Öffentlichkeit statt, sondern werden in den Gefängnishöfen in Gegenwart einer beschränkten Zahl von Spezialisten
25 vollzogen. [...]

Guillotine

Aber warum sollte die Gesellschaft denn an dieses Exempel glauben, da [...] seine Wirkungen, sofern sie überhaupt vorhanden sind, unsichtbar bleiben? Die Todesstrafe kann weder den Menschen abschrecken, der nicht weiß, dass er töten wird, der sich plötzlich dazu entschließt, seine Tat unter dem Zwang einer fiebrigen Eingebung oder einer fixen Idee vorbereitet, noch den Menschen, der sich zu einer Aussprache begibt und eine Waffe mitnimmt, um den Gegner oder den Treubrüchigen einzuschüchtern, und sich ihrer schließlich bedient, obwohl er es nicht beabsichtigte oder nicht zu beabsichtigen glaubte. Kurzum, sie vermag den Menschen, der ins Verbrechen gerät wie ein anderer ins Unglück, nicht abzuschrecken. Das heißt, dass sie in der Mehrzahl der Fälle wirkungslos ist. [...]

Wird wenigstens jener Schlag Verbrecher abgeschreckt, die sie zu beeindrucken sucht und die vom Verbrechen leben? Nichts ist weniger gewiss. Wir können bei Arthur Koestler nachlesen, dass zur Zeit, da Taschendiebe in England noch hingerichtet wurden, andere Diebe ihre Fingerfertigkeit in der um den Galgen gedrängten Menge ausübten, während ihr Kollege gehängt wurde. Aus einer zu Anfang dieses Jahrhunderts in England aufgestellten Statistik geht hervor, dass von 250 Gehängten 170 zuvor selber einer oder zwei Hinrichtungen beigewohnt hatten.

[...] Die Abschreckung wirkt nur auf die Schreckhaften, die nicht zum Verbrechen bestimmt sind, und versagt gegenüber den Unbeirrbaren, die es gerade zu beirren gilt.

[...] Das von unseren Gesetzgebern erdachte Exempel hat [aber] wenigstens eine unbestreitbare Wirkung: Es erniedrigt und zerstört das Menschentum und den Verstand bei all denen, die unmittelbar damit zu schaffen haben. Nun wird man sagen, es handle sich um Ausnahmewesen, die in dieser Erniedrigung eine Berufung sehen. Man wird dies jedoch weniger leicht sagen, wenn man erfährt, dass es Hunderte von Menschen gibt, die ihre Dienste als Scharfrichter anbieten und auf jedes Entgelt zu verzichten bereit sind. Wer wie meine Generation die Ereignisse der letzten Jahre [u. a. den Holocaust] miterlebt hat, weiß, dass hinter den friedfertigsten, vertrautesten Gesichtern der Trieb zum Foltern und Morden schlummern kann. Die Strafe, die einen unbekannten Mörder abzuschrecken vorgibt, bringt vielen anderen, die mit weit größerer Sicherheit als Ungeheuer zu bezeichnen sind, die Erfüllung ihrer Berufung zum Totschläger.

[...] Will man also die Todesstrafe beibehalten, soll man uns wenigstens die Heuchelei einer Rechtfertigung durch das Exempel ersparen.

Bis heute konnte keine wissenschaftliche Untersuchung belegen, dass die Todesstrafe eine abschreckende Wirkung hat. Im Gegenteil: In den US-Staaten, die die Todesstrafe abgeschafft haben, ist die Mordrate niedriger als in Staaten, die noch an ihr festhalten.
So laut www.initiative-gegen-die-todesstrafe.de

Albert Camus
Die Guillotine. Betrachtungen zur Todesstrafe. In: Ders.: *Fragen der Zeit.* Deutsch von Guido G. Meister. Rowohlt: Reinbek 1997, S. 103–156; hier S. 107–123 (Auszüge)

---

2 Stellen Sie die von Camus vorgebrachten Argumente gegen die abschreckende Wirkung der Todesstrafe zusammen und diskutieren Sie ihre Plausibilität.

BIOGRAFIE

Albert Camus

1913–1960

Albert Camus wurde 1913 in einem Dorf in Algerien in ärmlichen Verhältnissen geboren. Der Vater starb, als Camus ein Jahr alt war, und die Mutter zog mit ihren beiden Kindern nach Algier. Dort erkrankte Camus als Gymnasiast an Tuberkulose, absolvierte aber das Abitur und studierte in Algier Philosophie. Wegen seiner Erkrankung wurde er nicht zum Examen zugelassen und konnte seinen angestrebten Beruf als Gymnasiallehrer nicht ergreifen; so arbeitete er als Schriftsteller und am Theater.

1942 trat Camus in Frankreich der Widerstandsgruppe „Résistance" bei und wurde Mitbegründer der illegalen Zeitung „Combat". Er veröffentlichte den Roman „L'étranger" (Der Fremde) und den philosophischen Essay „Le mythe de Sisyphe" (Der Mythos des Sisyphos). Hier entwickelte er seine Philosophie des Absurden, nach der das menschliche Leben sinnlos und gottverlassen sei. Aber: „Es gibt kein Schicksal, das man durch Verachtung nicht überwinden kann." Damit ruft Camus auf, sich gegen die Absurdität des Lebens und alle Unterdrückung und Ungerechtigkeit zu wehren.

Zeit seines Lebens faszinierte der gut aussehende Literat die Frauen; oft hatte er mehrere Beziehungen gleichzeitig. 1944 lernte Camus Jean-Paul Sartre kennen. Nach anfänglicher Freundschaft zerstritten sich beide Philosophen im Anschluss an die Veröffentlichung von Camus' Essay-Sammlung „L'homme révolté" (1951). Während Sartre zu dieser Zeit für eine Zusammenarbeit mit der kommunistischen Partei eintrat, wollte sich Camus von keiner Partei vereinnahmen lassen. Auch die Konservativen lehnten ihn daher als „Zersetzer" aller Werte und als „Linken" ab.

Ab 1957 leitete Camus den Pariser Verlag „Gallimard" und im selben Jahr erhielt er für sein relativ schmales Werk den Nobelpreis für Literatur. Obwohl er eigentlich keine Ehrungen mochte, nahm er den Preis aus finanziellen Gründen an und erfüllte sich von dem Geld einen alten Traum: ein eigenes Haus in der Nähe von Avignon, in dem er ungestört unter südlicher Sonne arbeiten konnte.

Für den 4. Januar 1960 ließ sich Camus von seinem Freund und Verleger Michel Gallimard überreden, mit ihm in seinem neuen Sportwagen nach Paris zu fahren. Auf regennasser Fahrbahn platzte bei hoher Geschwindigkeit ein Reifen, das Auto prallte mit 150 km gegen eine Platane. Gallimard starb zehn Tage später im Krankenhaus, Camus direkt am Unfallort. Das unbenutzte Bahnticket fand man in seiner Jackentasche.

Albert Camus' Grabstein in Lourmarin, Vaucluse, Frankreich

4.4.2 Die Todesstrafe – eine gerechte Strafe?

■ In der Bundesrepublik Deutschland wurde die Todesstrafe bereits 1949 per Grundgesetz-Regelung (vgl. Art. 102) abgeschafft. Dagegen wendete sich u. a. Hermann Etzel, Bundestagsabgeordneter der Bayern-Partei. Er begründete den am 29. März 1959 von seiner Partei in das Parlament eingebrachten Antrag auf Wiedereinführung der Todesstrafe, der aber schließlich abgelehnt wurde.

M 43 Die Befürworter [der Todesstrafe, wie ich] erklären, die Lebensvernichtung gelte auch sonst, zum Beispiel im Kriege oder bei der Notwehr, unter bestimmten Umständen und Bedingungen als erlaubt, und vor allem sei die Todesstrafe für die schwersten Fälle der Tötung, die in normalen Zeiten allein noch in
5 Frage kämen, die einzige angemessene Sühne. Man dürfe nicht nur das Wohl des Verbrechers, man müsse vor allem das Leben des friedlichen Bürgers, der Frauen und Kinder schützen. [...]
Der Gefahr des Justizirrtums sei durch prozessuale Sicherungen zu begegnen, wozu noch die Möglichkeit der Begnadigung käme, sodass die Todesstrafe nur
10 in allerschwersten und ganz unzweifelhaften Fällen vollstreckt werde. [...]
Wer Fühlung mit dem Volk hat, weiß, dass es sich in seiner überwältigenden Mehrheit entschieden dagegen wehrt [...], Freiwild und Opfer für Mörder zu sein, welche die Gewissheit haben, dass sie für ihre Unmenschlichkeiten nicht mit dem eigenen Leben zu büßen haben. Ich sage, das Volk lehnt sich dagegen
15 auf, dass alle diese Unmenschen für ihre Untaten ihr Leben als Staatspensionäre weiterführen können, auf Kosten auch der unglücklichen Hinterbliebenen der hingemordeten Opfer, deren Steuergroschen zum Unterhalt der Ungeheuer beitragen müssen.
Wenn manche einwenden, wer einmal einer Hinrichtung beigewohnt habe,
20 müsse gegen die Todesstrafe sein, so ist demgegenüber die Frage berechtigt: Würden diese auch dann noch gegen die Todesstrafe sein, wenn sie dabei gewesen wären, als der Mörder sein armes Opfer kaltblütig, roh und unmenschlich umbrachte? Würden sie auch dann noch dagegen sein, wenn der Mörder sein Opfer aus ihrer eigenen Familie ausgewählt hätte? [...]
25 Die Gerechtigkeit schreit nach Wiederzulassung der Todesstrafe für derartige Untaten. Die Justitia hält nicht nur die Waage, sondern sie führt auch das Schwert.

„Für Täter, die unter einem sadistisch-perversen Tötungsimpuls leiden, die also nicht therapierbar sind, sollten wir die Todesstrafe einführen. Ein bloßes Einsperren bewirkt keine Einsicht bei diesen Menschen, die eine Gefahr für die Gesellschaft darstellen. Sterben muss jeder. Dann kann man diese Menschen auch gleich erlösen."
Rolf Bossi, Staranwalt, im Gespräch mit dem Nachrichtenmagazin *Focus*, 17. 8. 2008

Bundestagsbeitrag des Abgeordneten **Hermann Etzel** vom 29. März 1959. In: Frank Müller [Hrsg.]: *Streitfall Todesstrafe*. Patmos: Düsseldorf 1998, S. 99 f.

---

1 Stellen Sie die von Etzel vorgebrachten Argumente für die Todesstrafe zusammen und erklären Sie sie mit eigenen Worten.

2 Nach dem Online-Meinungsportal „Sozioland" ist für 46 Prozent der in Deutschland lebenden Bevölkerung die Todesstrafe „niemals eine Lösung"; nur 29 Prozent befürworten sie im Falle eines vorangegangenes Mordes (Stand 2010). Wie erklären Sie diese Abweichung gegenüber den Angaben, die Etzel über die Einstellung der Deutschen im Jahre 1959 macht?

3 Zur Abschaffung der Todesstrafe in der Bundesrepublik Deutschland führte die mehrheitliche Auffassung der damals politisch Verantwortlichen, wonach eine solch grausame und endgültige Strafe gegen Artikel 1 des Grundgesetzes verstoße. Diskutieren Sie, ob die Todesstrafe mit Artikel 1 des Grundgesetzes vereinbar ist und verfassen Sie einen Beitrag, der von diesem Artikel aus argumentiert (z. B. zu Etzels Argumentation).

4 Vergegenwärtigen Sie sich die verschiedenen Funktionen von Strafe und erörtern Sie auf dieser Grundlage, welche Argumente für und welche gegen die Todesstrafe sprechen.

Vgl. S. 81

Einverständniserklärung zu meiner Hinrichtung

Ich bin für die Todesstrafe. Sie ist notwendig zur Abschreckung und die einzig angemessene Strafe für Kapitalverbrechen wie Mord.

Für den Fall, dass ich selbst einmal wegen eines solchen Kapitalverbrechens verurteilt werden sollte, stimme ich meiner eigenen Hinrichtung mit einer humanen Hinrichtungsmethode zu.

Diese Zustimmung gilt unwiderruflich. Sie gilt unabhängig von meinen subjektiven Gründen für die Tat und sonstigen Tatumständen. Ich überlasse es einzig und allein der staatlichen Gerichtsbarkeit, über mich und meine Tat zu urteilen.

Sollte es dabei – trotz gründlichster Bemühungen der Justiz – zu einem Fehlurteil kommen, akzeptiere ich auch in diesem Fall meine Hinrichtung.

Ich gehe davon aus, dass meine Angehörigen eine angemessene Entschädigung erhalten werden, falls ein möglicher Justizirrtum später einmal erkannt wird.

_____
Vorname, Name

_____
Datum, Unterschrift

„Die Gesetze sind der Betrag der kleinsten Anteile von Freiheit, so [= die] jeder einzelne Mensch den anderen aufopfert. Sie […] sind der Mittelpunkt der gesammelten besonderen Willen aller einzelnen Mitglieder. Ist aber wohl ein einziger Mensch zu denken, der anderen Menschen das Recht einräumen werde, ihm das Leben zu nehmen? Kann denn in dem geringsten Teile der Aufopferung der Freiheit, welche ein jeder, um ruhig zu leben, hingegeben hat, die allergrößte Aufopferung des größten Gutes, nämlich das Leben, mit einbegriffen sein? Nein, das kann ich mir nicht vorstellen! […]"
Cesare Beccaria *Von der Todesstrafe*. Zitiert nach Hans Joachim Pieper (Hrsg.): *Klassiker der Philosophie zur Todesstrafe*. DenkMal Verlag: Bonn 2003, S. 94

5 Überlegen Sie, ob Sie bereit wären, diese Erklärung auszufüllen.

■ Die abgedruckte Erklärung beruht auf Gedanken, die der Jurist Marchese Cesare di Beccaria (1738–1794) in seiner „Abhandlung von den Verbrechen und Strafen" (1764) gegen die Todesstrafe geäußert hatte. Er ging dabei von der auch das Grundgesetz bestimmenden Überlegung aus, dass der Staat auf einem Vertrag von einzelnen Menschen beruhe, die durch ihn ihr Leben und ihre Würde schützen. Wer also für die Todesstrafe sei, der müsse auch bereit sein, ihrer möglichen Vollstreckung an ihm selbst per Vertrag zuzustimmen.

Beccarias aufklärerische Ausführungen fielen in eine Zeit, in der man mit der Einführung der Guillotine, die besonders während der Französischen Revolution (1789–1794) massenhaft eingesetzt wurde, die im Mittelalter und in der früheren Neuzeit noch grausam vollzogene Todesstrafe humanisieren wollte: Der Tod erfolgte jetzt, ohne den Verurteilten bei der Hinrichtung absichtlich körperlich zu quälen.

Gegen Beccarias Überlegungen wendet sich in seiner Rechtslehre (1797) der deutsche Aufklärungsphilosoph Immanuel Kant. Er greift dabei auf seine Argumentation für das Strafprinzip der Wiedervergeltung (ius talionis) zurück (vgl. S. 81 f.). Danach könne bei herkömmlichen Verbrechen zwar eine Ersatzstrafe zur Wiederherstellung des Rechts genügen, das gelte aber nicht für Mord.

Kant gegen Beccaria
„Wenn der Befugnis zu strafen ein Versprechen des Missetäters zum Grunde liegen müsste, sich strafen lassen zu wollen, so müsste es diesem auch überlassen werden, sich straffällig zu finden, und der Verbrecher würde sein eigener Richter sein. [...] [Aber] nicht das Volk (jeder einzelne in demselben), sondern das Gericht (die öffentliche Gerechtigkeit), mithin ein anderer als der Verbrecher diktiert die Todesstrafe."

M 44

Hat er aber gemordet, so muss er *sterben*. Es gibt hier kein Surrogat [Ersatz] zur Befriedigung der Gerechtigkeit. Es ist keine *Gleichartigkeit* zwischen einem noch so kummervollen Leben und dem Tode, also auch keine Gleichheit des Verbrechens und der Wiedervergeltung, als durch den am Täter gerichtlich
5 vollzogenen, doch von aller Misshandlung, welche die Menschheit in der leidenden Person zum Scheusal machen könnte, befreiten Tod. [...] So viele also der Mörder sind, die den Mord verübt, oder auch befohlen, oder dazu mitgewirkt haben, so viele müssen auch den Tod leiden; so will es die Gerechtigkeit als Idee der richterlichen Gewalt [...]; denn, wenn die Gerechtigkeit untergeht,
10 het, so hat es keinen Wert mehr, dass Menschen auf Erden leben.

Immanuel Kant
Die Metaphysik der Sitten. Rechtslehre. Werke in 12 Bdn. Hrsg. von Wilhelm Weischedel. Bd. VIII. Suhrkamp: Frankfurt/M. 1977, S. 455 f., 453 [B 227–231]

6 Erörtern Sie, ob Kants Argumentation für die Todesstrafe tragfähig ist. Was könnte Beccaria auf Kants Argumentation antworten?

■ Kant spricht sich für eine Todesstrafe ohne alle Misshandlung aus; denn diese würde die Menschenwürde, die auch dem Todeskandidaten zukomme, schwer schädigen und damit die Menschheit als ganze „zum Scheusal machen".

Wie Kant geht auch Hegel davon aus, dass bei Mord das Recht nur durch die Todesstrafe wiederhergestellt werden könne.
Als freier Mensch – so Hegel – hat jeder Täter einen Anspruch darauf, seiner Tat entsprechend bestraft zu werden, statt einfach wie ein wildes Tier unschädlich gemacht oder z. B. einer Gehirnwäsche unterzogen zu werden (vgl. S. 82 f.). Das gilt in besonderer Weise für die Todesstrafe, weil ihr die Zerstörung eines Lebens vorhergegangen ist. War zwar vielleicht der Mord eine triebhafte Tat, so hat der Täter sie als freies Wesen begangen und muss daher die Todesstrafe als die seiner Tat gemäße Strafe erhalten. Mit ihr erst übernimmt der Mörder die volle Verantwortung, was bedeutet, dass er das

„Das [vernünftige, freie] Wollen des Einzelnen liegt in der Handlung des Verbrechers. Dass die Strafe darin als sein eigenes Recht enthaltend angesehen wird, darin wird der Verbrecher als Vernünftiges geehrt. – Diese Ehre wird ihm nicht zuteil, wenn aus seiner Tat selbst nicht der Begriff und der Maßstab seiner Tat genommen wird; ebenso wenig auch, wenn er nur als schädliches Tier betrachtet wird, das unschädlich zu machen sei.

Georg Wilhelm Friedrich Hegel *Grundlinien der Philosophie des Rechts (1821).* Werke in zwanzig Bänden. Hrsg. von Eva Moldenhauer und Karl Markus Michel. Bd. 7. Suhrkamp: Frankfurt/M. 1970, S. 191 (§ 100)

Todesurteil als vernünftig Nachdenkender akzeptiert – so wie sich manche Menschen, die jemanden ermordet haben, selbst den Tod wünschen.

7 Wären Sie dafür, einen Mörder hinzurichten, der nach langem Nachdenken seine Tat aufrichtig bereut und bereit ist, alles Menschenmögliche für ihre Wiedergutmachung zu tun?

■ Wie Hegel geht auch der Philosoph Johann Gottlieb Fichte (1762–1814) von der Freiheit des Menschen als Vernunftwesen aus, zieht aus ihr aber eine andere Konsequenz. Wichtiger als die Wiedervergeltung ist für ihn der Schutz des Lebens, weil der Täter nur so die Möglichkeit erhält, seine Freiheit zur Besserung zu nutzen.

> **DISKUSSION**   **Neue Chance für die Freiheit?**
>
> Er [der Mörder] kann frei und dem zufolge sittlich [d. h. ein moralisch guter Mensch] werden. Sein Leben ist dazu die Bedingung; also sein Leben ist zu schonen. [...]
> Man muss schlechthin jeden behandeln, als ob er frei und der Sittlichkeit empfänglich wäre [...] – damit er diese Freiheit bekomme: Zum Freiwerden aber gehört Leben, denn dass ich jemanden, der keine Freiheit hat, totschlage, damit er sie bekomme, lässt sich nicht sagen. Also geht das Recht nicht bis zur Todesstrafe.

Johann Gottlieb Fichte
Das System der Rechtslehre (1812). Vom Strafgesetz. Johann Gottlieb Fichtes nachgelassene Werke. Hrsg. von Immanuel Hermann Fichte, Bd. 2. Leipzig o. J., S. 621–623

„Wer eine Gerechtigkeit fordert, die tötet, wird von der Überzeugung geleitet, dass es Menschen gibt, die absolut schuldig sind, d. h. Menschen, die für ihre Tat einzig und allein selbst verantwortlich sind. Diese Behauptung erscheint mir falsch. Gleichgültig, wie schrecklich und abscheulich die Taten auch sein mögen, es gibt keinen Menschen auf dieser Welt, der absolut schuldig wäre, für den wir jede Hoffnung aufgeben müssten."
Robert Badinter (1981), früherer französischer Justizminister

8 Erläutern Sie, inwiefern Fichtes Argumentation gegen die von Kant und Hegel gerichtet ist, und diskutieren Sie ihre Berechtigung.

„Der Mensch ist mehr wert als seine schlechteste Tat."
Helen Prejean in **Tim Robbins** Film *Dead Man Walking*

Der Film basiert auf einer wahren Begebenheit, die die Ordensschwester Helen Prejean mit dem Todeskandidaten Poncelet erlebt hat. Dieser hatte ein junges Pärchen überfallen, das Mädchen vergewaltigt und anschließend beide durch Kopfschüsse getötet. Trotzdem setzt sich Prejean für seine Begnadigung ein. Am Schluss bereut Poncelet seine Tat.

In seinem Essay von 1955 setzt sich Albert Camus auch mit solchen Befürwortern der Todesstrafe kritisch auseinander, die sich wie Kant und Hegel auf den Rechtsgrundsatz der Wiedervergeltung stützen.

M 45

[Die Todesstrafe] ist eine beinahe mathematische Antwort der Gesellschaft an den Übertreter ihres Grundgesetzes. Diese Antwort ist so alt wie die Menschheit: sie nennt sich Vergeltung. Wer mir Leid zugefügt hat, soll leiden; wer mir ein Auge ausgestochen hat, soll ein Auge verlieren; wer getötet hat, soll sterben.
⁵ Es handelt sich dabei um ein Gefühl, und zwar um ein ausnehmend heftiges, nicht um einen Grundsatz. Die Vergeltung gehört in den Bereich der Natur und des Triebs, nicht in den des Gesetzes. Das Gesetz kann seinem Wesen nach nicht den gleichen Regeln gehorchen wie die Natur. Wenn der Mord in der Natur des Menschen liegt, ist das Gesetz nicht dazu da, diese Natur nachzuahmen.
¹⁰ Es ist dazu da, sie zu bessern. Die Vergeltung aber beschränkt sich darauf, eine bloße Regung der Natur zu bestätigen und ihr Rechtskraft zu verleihen. [...] Wir wollen beiseite lassen, dass das Gesetz der Vergeltung nicht durchführbar ist und [...] wollen einmal annehmen, dass es gerecht und notwendig sei, die Ermordung des Opfers durch den Tod des Mörders auszugleichen. Aber die
¹⁵ Hinrichtung ist nicht einfach gleichbedeutend mit Tod. Sie ist ihrem Wesen nach vom Verlust des Lebens ebenso verschieden wie das Konzentrationslager vom Gefängnis. Sie ist unzweifelhaft ein Mord und bildet die mathematische Gegenleistung für den begangenen Mord. Aber sie verbindet den Tod mit einem zusätzlichen Reglement, mit einer unverhohlenen, dem zukünftigen
²⁰ Opfer bekannten Vorsätzlichkeit, kurzum mit einer Organisation, die für sich allein eine Quelle seelischen, den Tod an Schrecken weit übertreffenden Leidens darstellt. Von Gleichwertigkeit kann also keine Rede sein. In vielen Gesetzgebungen gilt das vorbedachte Verbrechen schwerwiegender als das reine Affektverbrechen. Aber was ist die Hinrichtung denn anderes als der vorbe-
²⁵ dachteste aller Morde, mit dem keine noch so berechnete Untat eines Verbrechers verglichen werden kann? Eine Gleichwertigkeit bestünde erst, wenn der mit dem Tode zu bestrafende Verbrecher sein Opfer vorher davon in Kenntnis gesetzt hätte, an welchem Ort er es in einen grässlichen Tod schicken werde, und es von diesem Augenblick an monatelang gnadenlos eingesperrt hätte. Ein
³⁰ solches Ungeheuer findet sich nicht im Privatleben.
[...] Dem zum Tode Verurteilten dagegen wird das Grauen in Einzeldosen verabreicht. [...] Der Verurteilte weiß lange Zeit im Voraus, dass er getötet werden soll, und dass nur eine Gnade ihn zu retten vermag, die in seinen Augen den Ratschlüssen des Himmels sehr ähnlich ist. Auf jeden Fall kann er nicht selber
³⁵ eingreifen, für sich plädieren oder überzeugen. Alles geschieht ohne ihn. Er ist kein Mensch mehr, sondern ein Ding, das darauf wartet, von den Henkersknechten ergriffen zu werden. [...]

„Wenn Männer miteinander raufen und dabei eine schwangere Frau treffen, sodass sie eine Fehlgeburt hat, ohne dass ein weiterer Schaden entstanden, dann soll der Täter eine Buße zahlen, die ihm der Ehemann der Frau auferlegt. Ist weiterer Schaden entstanden, dann musst du geben: Leben für Leben, Auge für Auge, Zahn für Zahn ..."
Hebräische Bibel, Exodus 21, 22–24 (vgl. auch S. 80)

Im Allgemeinen wird der Mensch, lange bevor er stirbt, durch das Warten auf die Hinrichtung vernichtet. Ein doppelter Tod wird ihm auferlegt, und der erste ist schlimmer als der zweite; er aber hat nur einmal getötet. Mit diesem Hochgericht verglichen, wirkt selbst die Vergeltung wie ein zivilisiertes Gesetz. Sie wenigstens hat nie verlangt, man müsse einem Menschen, der seinen Bruder eines Auges beraubt hat, beide Augen ausstechen.

Albert Camus *Die Guillotine. Betrachtungen zur Todesstrafe.* In: Ders.: Fragen der Zeit. Deutsch von Guido G. Meister. Rowohlt: Reinbek 1997, S. 103–156; hier 123–130

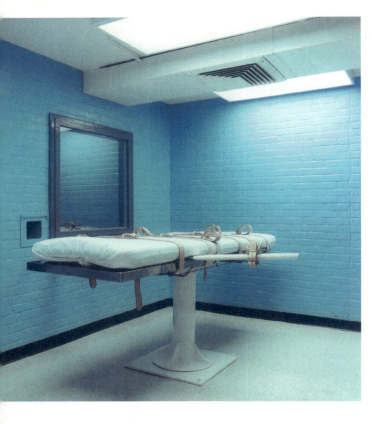

25 Jahre wartete Romell Broom im Todestrakt von Lucasville, Ohio, auf seine Hinrichtung. Am 15. September 2009 ist es so weit: Broom soll durch die Giftspritze sterben. Vergeblich suchen die Beamten eine Vene für die tödliche Injektion. Erst treffen die Wärter nur den Muskel, dann versuchen sie es am anderen Arm, der Katheter bricht ab. Brooms Arme schwellen an, der 53-Jährige schreit und wirft den Kopf hin und her. Mit feuchten Tüchern versucht eine Krankenschwester, die Schwellungen zu lindern. Die Wärter stechen den Häftling in Knöchel und Beine, am Ende trifft die Nadel den Knochen. Broom hat unerträgliche Schmerzen – und will den Henkern sogar helfen, um die Pein endlich zu beenden. Mehr als zwei Stunden und 18 Einstiche später wendet sich die Gefängnisleitung endlich an den Gouverneur von Ohio. Dieser ordnet einen Aufschub an.

Sibel Sen *Exekutiert – und noch am Leben.* In *Spiegel Online,* 9.10.2009

Lucinda Devlin *Lethal Injection Chamber.* Texas State Prison, Huntsville, Texas 1992. Galerie m Bochum, www.m-bochum.de

9 Geben Sie Camus' Argumentation gegen die Todesstrafe in eigenen Worten wieder. Inwiefern sieht Camus die Todesstrafe auch dann als grausam an, wenn die Hinrichtung ohne Komplikationen (vgl. Randspalte) verläuft.

10 Überlegen Sie, was Camus zu Kants Forderung nach einem „von aller Misshandlung befreiten Tod" bei Hinrichtungen sagen würde (vgl. S. 95).

11 Erörtern Sie, ob sich mit Camus' Ausführungen die Argumente von Kant und Hegel für die Todesstrafe widerlegen lassen.

■ Am Schluss seines Essays kommt Camus auf die Fehlbarkeit der Justiz zu sprechen, die im Fall der Todesstrafe so bedeutsam ist, weil Justizirrtümer hier nicht mehr korrigiert werden können.

M 46

Wenn die Justiz weiß, dass sie unvollkommen ist, wäre es dann nicht angezeigt, dass sie Bescheidenheit übt und ihren Urteilssprüchen genug Spielraum lässt, damit ein allfälliger Irrtum gutgemacht werden kann? Soll sie diese Schwäche, in der sie für sich selbst einen dauernd gültigen mildernden Umstand erblickt, nicht auch immer dem Verbrecher zugestehen? Kann ein Gericht tatsächlich sagen: „Wenn ich Sie irrtümlicherweise in den Tod schicke, so wollen Sie mir bitte in Anbetracht der unser aller Natur innewohnenden Schwäche verzeihen. Ich aber verurteile Sie ohne Rücksicht auf diese Schwäche und diese Natur zum Tode."? Im Irrtum und in der Verblendung sind alle Menschen solidarisch. Darf diese Gemeinschaft dem Gericht zugute kommen, nicht aber dem Angeklagten? Nein. Und wenn die Gerechtigkeit einen Sinn hat auf dieser Welt, bedeutet sie nichts anderes als die Anerkennung dieser Solidarität; sie darf sich ihrem ureigensten Wesen nach nicht vom Mit-Leid trennen. […]

Die Hinrichtung eines Menschen untersagen, hieße öffentlich verkünden, dass die Gesellschaft und der Staat keine absoluten Werte sind und dass nichts sie dazu ermächtigt, endgültige Gesetze zu erlassen und Nichtwiedergutzumachendes zu schaffen. […] Wir wissen genug, um sagen zu können, dieser oder jener Schwerverbrecher verdient lebenslängliches Zuchthaus, aber wir wissen nicht genug, um zu verfügen, dass er seiner eigenen Zukunft entzogen wird, das heißt der uns allen gemeinsamen Möglichkeit, wieder gutzumachen. Aus allen diesen Gründen sollte im vereinten Europa von morgen die feierliche Abschaffung der Todesstrafe den ersten Artikel des europäischen Gesetzbuches bilden, das wir alle erhoffen.

Justizirrtum
Am 22. Juni 2000 wurde Shaka Sankofa in Texas hingerichtet. Seine Verurteilung basiert auf der höchst fragwürdigen „Identifikation" durch eine einzige Zeugin, die behauptete, den Schwarzen Sankofa in der Nacht auf einem schwach beleuchteten Parkplatz aus einer Entfernung von 13 Metern erkannt zu haben. Die Aussagen mindestens fünf weiterer Zeugen, die einen Verdächtigen aus weitaus kürzerer Distanz sahen, jedoch einstimmig versicherten, es sei nicht Sankofa gewesen, wurden ignoriert.
(www.initiative-gegen-die-todesstrafe.de)

Albert Camus *Die Guillotine. Betrachtungen zur Todesstrafe*, a. a. O., S. 140–152

12 Erläutern Sie den Begriff von Gerechtigkeit, den Camus in diesem Textauszug entwickelt. Welcher Wesenszug des Menschen dient zu seiner Begründung?

13 Seit Jahrzehnten kämpft die Menschenrechtsorganisation „amnesty international" für die weltweite Ächtung und Abschaffung der Todesstrafe, weil für sie die Menschenrechte des Einzelnen – auch des Verbrechers bzw. Mörders – in jedem Fall Vorrang haben vor dem Interesse der Gesellschaft und des Staates, Verbrechen zu bestrafen und neue Verbrechen zu verhindern.

Verdeutlichen Sie sich Ihre eigene Einstellung zum Vorrang von Individual- oder Staatsrechten und nehmen Sie von dort aus Stellung zu Camus' Satz: „Die Hinrichtung eines Menschen untersagen, hieße öffentlich verkünden, dass die Gesellschaft und der Staat keine absoluten Werte sind."

14 Camus' Schlussforderung ist inzwischen in der Europäischen Menschenrechtskonvention Rechnung getragen worden, allerdings nur in Form von sog. Fakultativprotokollen. Informieren Sie sich genauer über den Rechtsstatus der Todesstrafe in Europa. Verfassen Sie eine eigene philosophische Stellungnahme, etwa zum im Dezember 2009 bekräftigten Entschluss Weißrusslands, die Todesstrafe „als angemessene Antwort auf besonders schwere Verbrechen" beizubehalten.

Vgl. Methode „Eine philosophische Erörterung verfassen", S. 85

ZUSAMMENFASSUNG

▸ Strafe, die im Gegensatz zur Rache von autorisierten Instanzen wie dem Staat nach Regeln und Gesetzen durchgeführt wird, kann verschiedene Zwecke haben, von denen zwei besonders wichtig sind. Während die absolute Straftheorie die Schuld des Täters mit der Strafe ausgleichen und durch sie die Rechtsordnung wiederherstellen möchte, geht es der relativen Straftheorie in erster Linie um den Schutz der Gesellschaft. Das eine Mal werden aber die Folgen für die Betroffenen, einschließlich des Straftäters, vernachlässigt, das andere Mal gerät das Strafmaß in Gefahr, der Tat nicht zu entsprechen. Strafen in einer gerechten Gesellschaft sollten daher die Konsequenzen für die Betroffenen ebenso einbeziehen wie den Ausgleich, den die Strafe für die Straftat schaffen muss. Besonders müssen sie die Menschenwürde achten und können so das Rechtsbewusstsein der Bürger stärken.

▸ Auch in der Diskussion um die Todesstrafe bei Mord werden sowohl der damit verbundene Abschreckungseffekt (relative Straftheorie) als auch ihre Gerechtigkeit im Sinne der Wiedervergeltung (absolute Straftheorie) angeführt.

▸ Ein wirklicher Abschreckungseffekt kann jedoch bezweifelt werden. Zu befürchten ist eher eine allgemeine Verrohung der Gesellschaft, die ihrerseits die Zahl und Grausamkeit der Verbrechen vermehren würde.

▸ Überzeugender scheint das Argument, dass allein die von aller Grausamkeit befreite Todesstrafe eine Wiederherstellung des verletzten Rechts garantieren könne, die auch den Mörder als freies Vernunftwesen ernst nimmt. Aber auch dagegen gibt es stichhaltige Einwände: Erstens bleibt die Todesstrafe auch bei humanem Vollzug eine besonders grausame Strafe, weil der Mörder weiß, dass er bald hingerichtet wird und ihm zugleich alle Handlungsmöglichkeiten genommen sind. Zweitens wird nicht berücksichtigt, dass die Gesetze von fehlbaren Menschen gemacht werden, die daher auch dem Mörder eine Möglichkeit zur Wiedergutmachung eröffnen sollten. Vor allem aber verstößt die Todesstrafe gegen den Grundsatz der Menschenwürde, der dem Menschen einen eigenen vernünftigen Willen und damit auch die Fähigkeit zu einem grundlegenden Wandel zuschreibt.

MEDIENTIPPS

Literaturhinweis

Albert Camus *Die Guillotine. Betrachtungen zur Todesstrafe.* In: Ders.: *Fragen der Zeit.* Deutsch von Guido G. Meister. Rowohlt: Reinbek 1997, S. 103–156

Links

www.amnesty-todesstrafe.de

www.initiative-gegen-die-todesstrafe.de (Website mit Pro- und Kontra-Argumenten)

Filmtipps

Dead Man Walking. Sein letzter Gang. USA 1998. Nach der auch lesenswerten Erzählung von **Helen Prejean**. Regie: **Tim Robbins** (117 Minuten)

Muxmäuschenstill. Deutschland 2004. Regie: **Marcus Mittermeier**. Schiwagofilm GmbH (ab 16 J.; 90 Minuten)

12 Angry Men. Die zwölf Geschworenen. USA 1957. Regie: **Sidney Lumet** (92 Minuten)

5 Was darf ich hoffen?

Einführung in die Metaphysik

Man stelle sich eine Anzahl Menschen vor, in Ketten gelegt und alle zum Tode verurteilt, von denen immer einige Tag für Tag vor den Augen der andern erdrosselt werden, so dass einige andere, die zurückbleiben, ihre eigene Lage in der ihresgleichen sehen und voller Schmerz und ohne Hoffnung aufeinander schauen und warten, dass die Reihe an sie komme. Das ist ein Bild der Lage des Menschen.

Blaise Pascal
Gedanken. Über die Religion und einige andere Themen. Übersetzt von Wolfgang Büttenauer. Carl Schünemann Verlag: Bremen 1964 (6. Aufl.), S. 112 (Nr. 257)

Gibt es ein Leben nach dem Tod? Eine metaphysische Frage

Sterbeerlebnisse?

Christentum/Islam: Paradiesvorstellungen

Beweise für ein Leben nach dem Tod?

Religiöse Jenseitsvorstellungen?

Philosophische Überlegungen?

Platons Beweis der Unsterblichkeit der Seele

Buddhismus: Nirwanavorstellung

Dualismus als Grundlage

Zur Beantwortbarkeit metaphysischer Fragen

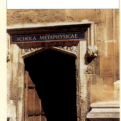

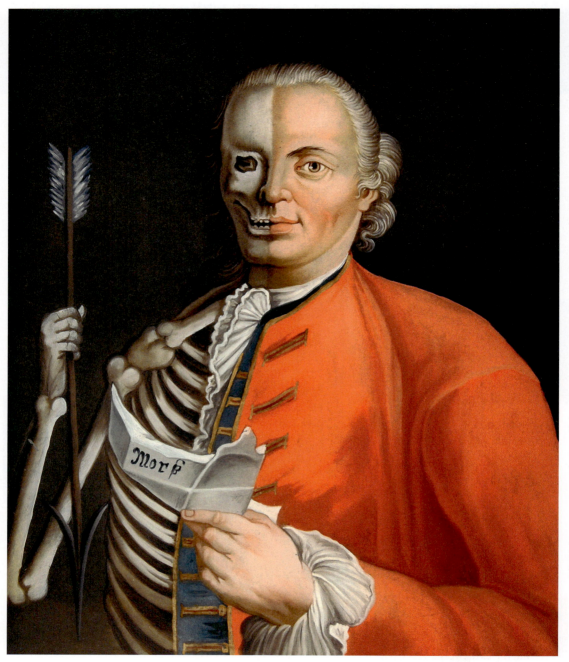

Johann Michael Eder *Memento mori* (zwischen 1810 und 1820)

– Würden Sie dieses Bild in Ihrem Zimmer aufhängen? Begründen Sie Ihre Entscheidung.

– Besonders im Zeitalter des Barocks waren solche Bilder sehr verbreitet und sollten die Menschen an ihre Sterblichkeit erinnern. Was fasziniert uns heute an ihnen, was stößt uns ab?

Was darf ich hoffen? Einführung in die Metaphysik

5.1 Sterbeerlebnisse

5.1.1 Angst vor dem Tod?

■ Die Frage, ob es ein Leben nach dem Tode gibt oder geben könnte, hat die Menschen aller Zeiten und Kulturen intensiv beschäftigt. Neben der damit zusammenhängenden Frage nach der Existenz Gottes sowie dem Problem der menschlichen Freiheit gehört die Frage des Lebens nach dem Tod zu den drei klassischen Fragen der Metaphysik – einem Bereich der Philosophie, der sich mit dem beschäftigt, was hinter den sinnlich wahrnehmbaren Dingen liegt.

Warum die Vorstellung des eigenen Todes für viele Menschen so beängstigend ist, überlegt im Folgenden der amerikanische Philosoph Thomas Nagel (geb. 1937):

SCHLUSSSTÜCK
DER Tod ist groß.
Wir sind die Seinen
lachenden Munds.
Wenn wir uns mitten im
Leben meinen,
wagt er zu weinen
mitten in uns.
Rainer Maria Rilke
Gedichte.
Fischer TB Verlag:
Frankfurt/Main 2008,
S. 200

M 47 Wenn Sie sterben, so gelangen all die guten Dinge Ihres Lebens an ihr Ende: keine Mahlzeiten, Kinobesuche, Reisen, Gespräche, Liebe, Arbeit, Bücher, Musik oder dergleichen mehr. Sofern diese Dinge gut waren, ist ihr Fehlen schlecht. Sie werden Sie natürlich nicht *vermissen:* Der Tod ist nicht so etwas
5 wie eine Einzelhaft. Doch das Enden alles Guten im Leben aufgrund des Aufhörens des Lebens selbst scheint erklärtermaßen für die Person, die lebte und jetzt tot ist, ein negatives Übel zu sein. Wenn jemand stirbt, den wir kennen, so bedauern wir nicht nur uns, sondern auch ihn, denn er kann heute nicht mehr sehen, wie die Sonne scheint, oder er kann den Duft des Brotes im Toaster nicht
10 mehr riechen.
Denken wir an unseren eigenen Tod, so ist die Tatsache, dass all die guten Dinge des Lebens zu Ende sein werden, mit Sicherheit ein Grund des Bedauerns. Doch das scheint noch nicht alles zu sein. Viele Leute wollen mehr von dem haben, was sie am Leben genießen; doch für einige ist die Aussicht der Nichtexis-
15 tenz selbst beängstigend, und zwar auf eine Art und Weise, die durch das bisher Gesagte noch nicht angemessen erklärt wird. Der Gedanke, dass die Welt ohne mich weitergeht, dass ich zu *nichts* werde, ist nur sehr schwer zu schlucken.
Es ist nicht ganz klar, warum eigentlich. Wir akzeptieren alle die Tatsache, dass es eine Zeit vor unserer Geburt gab, zu der wir noch nicht existierten – warum
20 sollte uns also die Aussicht der Nichtexistenz nach unserem Tod stören? Doch irgendwie scheint uns da ein Unterschied zu bestehen. Die Aussicht der künftigen Nichtexistenz ist zumindest für viele Leute auf eine Weise beängstigend, auf die es die vergangene Nichtexistenz nicht sein kann.

Thomas Nagel
Was bedeutet das alles?
Eine ganz kurze
Einführung in die
Philosophie. Aus dem
Engl. übersetzt von
Michael Gebauer.
Stuttgart: Reclam
1990, S. 78 f.

---

❶ Der Tod anderer und der eigene Tod: Welche Unterschiede sehen Sie in den jeweiligen Wirkungen?

❷ Woher kommt die besondere Angst vieler Menschen vor dem eigenen Tod?

3 Was, glauben Sie, geschieht nach dem Tod?
- Der Leichnam verwest, aber man lebt in der Erinnerung weiter.
- Die Seele löst sich vom Körper und existiert als Geistwesen weiter.
- Die Seele löst sich vom Körper und wird in einem neuen Körper wiedergeboren.
- Der Tote zerfällt vollständig zu Erde und wartet auf eine neue Schöpfung.
- Die Seele des Toten geht in das Paradies ein.
- Die Seele des Toten kommt in den Himmel oder in die Hölle – abhängig von den Taten im Leben.
- …

Formulieren Sie Ihre persönliche Auffassung möglichst präzis und versuchen Sie diese ihren Mitschülern plausibel zu machen.

5.1.2 Sterbeerlebnisse als Beweise für ein Leben nach dem Tod?

■ Suchen wir nach Hinweisen auf ein jenseitiges Leben oder auf die Existenz eines Jenseits überhaupt, so fallen uns meist die sog. Sterbeerlebnisse ein. Es handelt sich dabei um Erlebnisse, die klinisch Tote während ihres Scheintodes gehabt und später, wieder zurück ins Leben gerufen, erinnert und berichtet haben. Während die Medizin früher der Ansicht war, Sterben bestehe im allmählichen Schwinden des Bewusstseins, gibt es Hinweise darauf, dass sich beim Sterben offenbar umgekehrt eine besonders aktive Bewusstseinstätigkeit entfaltet. Die folgenden zwei Sterbeberichte stammen einmal von einer jungen Frau, die einen schweren Verkehrsunfall erlitt und ihn überlebte. Das andere Mal berichtet eine Krankenhauspatientin von ihren Erlebnissen in einer halbstündigen Phase klinischen Todes, nach der ihr Herz durch eine Adrenalin-Spritze wieder in Gang gesetzt wurde; zwölf Stunden später verstarb sie endgültig.

M 48 Bericht von Susanne S.

Es war vor etwa zwei Jahren, als ich gerade neunzehn geworden war. Ich fuhr einen Freund mit dem Wagen nach Hause. Als ich an diese eine Kreuzung da in der Innenstadt kam, fuhr ich langsam […], doch da hörte ich meinen Freund
5 schon gellend schreien und sah dann sofort ein blendendes Licht, die Scheinwerfer des Wagens, der auf uns zu␣␣gerast kam. Ich hörte ein ganz fürchterliches Krachen – als der Wagen an der Seite eingedrückt wurde –, und dann kam ein kurzer Augenblick, in dem mir schien, als ob ich mich durch Dunkelheit, einen dunklen geschlossenen Raum, hindurchbewegte. Das ging alles sehr rasch. Und
10 dann auf einmal schwebte ich offenbar über der Erde, vielleicht eineinhalb Meter vom Boden und etwa fünf Meter vom Auto entfernt, würde ich sagen, und da hörte ich gerade noch das Echo des Zusammenstoßes langsam verhallen. Ich sah zu, wie jetzt von allen Seiten Leute herbeigelaufen kamen und sich

um den Wagen sammelten und wie mein Freund ausstieg, offensichtlich noch im Schock. In den Trümmern inmitten all dieser Leute erblickte ich meinen eigenen Körper und beobachtete, wie sie ihn herauszuziehen versuchten. Meine Beine waren völlig verrenkt, und alles war voll Blut. […]

Ich hörte die Ärzte noch sagen, ich sei tot – und von jenem Augenblick an hatte ich dann das Gefühl, durch Finsternis, eine Art eingegrenzten Raum, zu fallen oder eher vielleicht zu schweben. Das kann man nicht richtig beschreiben. Es war alles pechschwarz, nur ganz weit in der Ferne konnte ich dieses Licht sehen, dieses unglaublich helle Licht. Am Anfang schien es nicht sonderlich groß zu sein, doch wuchs es immer mehr an, je näher ich kam.

Ich versuchte, mich zu diesem Licht dahinten hinzubewegen, weil ich glaubte, dass es Christus war; ich gab mir alle Mühe, diesen Punkt zu erreichen. Das Erlebnis machte mir keine Angst – es war eher freudig. Da ich Christ bin, hatte ich das Licht nämlich sofort mit Christus in Verbindung gebracht, der ja gesagt hat: Ich bin das Licht der Welt. Ich meinte zu mir selbst: Wenn es jetzt so weit ist, wenn ich jetzt sterben muss, dann weiß ich, wer da am Ausgang in jenem Licht auf mich wartet. […]

Jetzt habe ich keine Angst mehr vor dem Sterben. […] Noch möchte ich nicht drüben auf der anderen Seite leben, weil ich noch hier zu leben habe. Ich fürchte mich aber trotzdem nicht vor dem Sterben, weil ich ja weiß, wohin ich komme, wenn ich von hier fortgehe; denn ich bin ja zuvor dort gewesen.

Aus: **Raymond A. Moody** *Leben nach dem Tod. Die Erforschung einer unerklärlichen Erfahrung.* Deutsch von Hermann Gieselbusch, Lieselotte Mietzner und Thorsten Schmidt. Rowohlt: Reinbek 2001, S. 52, 75, 105

M49 Bericht von F. Leslie

Ich war sehr weit fort. […] Ich schwebte in einem langen Schacht, der erst ganz eng schien und dann immer weiter wurde, immer weiter, je weiter ich vorwärts schwebte. Über mir war ein dunkles Rot und vor mir ein schwarzes Blau, das aber, je höher ich den Blick hob, immer heller wurde. Ich bewegte mich in diesem Tunnel vorwärts. Die Schwerelosigkeit war wundervoll. Aus weiter Ferne hörte ich eine Stimme […]; diese Stimme nannte meinen Namen. […] Es war die Stimme eines Menschen, der vor vielen Jahren starb und an den ich oft gedacht habe. […]

Ich beeilte mich vorwärts zu kommen, denn ich wollte den finden, der nach mir rief. Ich musste ihn irgendwo dort suchen, wo das dunkle Blau aus der Öffnung dieses Trichters mir entgegenwuchs. […] Die Farben wurden klarer und schienen in einem bunten Spiel von tausend Nuancen ineinander überzugehen und sich wieder wie ein Strauß auseinander zu falten. Jede Farbe hatte einen Ton. Und alle diese Farben und Töne zusammen ergaben eine wundervolle Musik, die mich erfüllte und mich vorwärts zog. […]

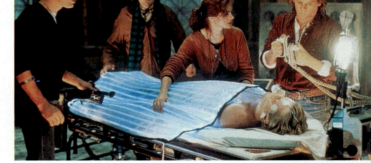

Szenenfoto aus dem Film „Flatliner"
Fünf Medizinstudenten erzeugen bei sich künstliche Nahtoderlebnisse, um herauszufinden, was nach dem Tod geschieht. Statt positive Jenseitserfahrungen erleben sie Qualen, in denen ihnen ihr bisheriges unmoralisches Leben begegnet.

Plötzlich fühlte ich, wie jemand nach mir griff. Ich konnte nicht mehr vorwärts. Meine Füße kamen nicht mehr vom Fleck. Ich suchte diese Hand, die mich von rückwärts fasste, zu überwinden. Ich hatte Schmerzen, während sich die Hand immer fester um mich legte und die Farben vor mir dunkler wurden. Sie verblassten schließlich und hatten keine Töne mehr. Und der Tunnel, aus dessen Enge ich mich dem großen Ausgang entgegengearbeitet hatte, wurde wieder schmal um mich, so eng, dass ich auf einmal Angst hatte. Die Hand zog mich zurück, immer weiter, in ein tiefes Dunkel hinein, das zuerst dunkelrot schien, dann aber schwarz wurde, so wesenlos schwarz, wie nur die ewige Nacht sein kann. Und dann war ich hier. Ich hörte sie sprechen und empfand das Gefühl der Leere und der Traurigkeit. [...] Können Sie verstehen, dass ich es eilig habe, wieder dorthin zu gelangen, von wo mich die Hand zurückriss?

Johann Christoph Hampe *Sterben ist doch ganz anders. Erfahrungen mit dem eigenen Tod.* Kreuz Verlag: Stuttgart/Berlin 1975, S. 82 f., 108 f.

① Analysieren Sie die Sterbeberichte genau: Wo berichten die Betroffenen über das Erlebte, wo bewerten sie es?

② Stellen Sie Unterschiede und Gemeinsamkeiten in den abgedruckten Berichten zusammen.

③ Informieren Sie sich über weitere Berichte, u. a. über den dort häufiger vorkommenden „Lebensfilm", und tragen Sie typische Kennzeichen der Nahtoderlebnisse zusammen.

④ Konstanzer Soziologen untersuchten in einer Studie über 2000 Sterbeberichte, denen übrigens auch häufiger negative Erlebnisse zugrunde lagen*. Besonders fiel den Forschern die Abhängigkeit der berichteten Sterbeerlebnisse von der sozialen Umwelt auf, in der die Betroffenen lebten (vgl. Text Randspalte). Wie bewerten Sie diese Feststellung im Hinblick auf die Aussagekraft der Sterbeberichte?

* Dazu vgl. **Hubert Knoblauch** in den Medientipps, S. 138

„Weder Melanesier noch Chinesen passieren im Scheintod einen Tunnel. Das Heraustreten aus dem Körper [...] ist dort ebenfalls unbekannt. Warum reitet eine Inderin in ihrer Nahtoderfahrung auf einer Kuh in den Himmel, während ein New Yorker mit einem gelben Taxi dorthin fährt?"
Urs Willmann (*Die Zeit*, Nr. 29/1999, S. 36)

Hieronymus Bosch (ca. 1453–1516): *Aufstieg zum ewigen Licht.* Öl auf Holz, Altarflügel (Ausschnitt)

5.1.3 Sterbeerlebnisse aus naturwissenschaftlicher Sicht

■ Der Bonner Arzt und Gehirnforscher Detlev Linke (1945–2005) setzte sich als Naturwissenschaftler intensiv mit den Nahtoderlebnissen auseinander. Dass diese etwas über ein Jenseits oder ein Leben nach dem Tod aussagen könnten, ist für Linke schon deshalb höchst zweifelhaft, weil diese Erlebnisse nur auftreten, solange noch Gehirnaktivitäten feststellbar sind. Die Menschen, die von ihren Erlebnissen berichteten, waren zwar klinisch tot, aber ihr Gehirn arbeitete noch.

Außerdem konnte Linke feststellen, dass Nahtoderlebnisse, von denen nur etwa fünf Prozent der klinisch Toten berichten, besonders dann auftreten, wenn das Gehirn, das von der Natur auf die Bewältigung von zukünftigen Situationen ausgelegt ist, keine Handlungsmöglichkeiten mehr sieht. Als letzte Abwehrreaktion dieser nicht verkraftbaren Einsicht produziert es dann nach Linke die Sterbeerlebnisse:

M 50 Dass die Unfähigkeit zu handeln [...] das Nahtoderlebnis prägt, sieht man an Ertrinkenden, die im Sinne des Wortes keinen Halt für ihre Handlungen mehr haben: Über ein Drittel von ihnen erinnert sich an Stationen ihres Lebens zurück. Wenn sie dagegen noch Handlungsmöglichkeiten hatten, erzählen die
5   Betroffenen nie von solchen nach innen gewendeten Erlebnissen. [...]

Hier wird eine weitere wichtige Eigenschaft des Gehirns offensichtlich: Es funktioniert nicht nur als Voraussagemaschine, sondern auch als Sinnerzeuger. Unser Denkapparat [...] versucht daher, alles Wahrgenommene mit Bedeutung zu belegen. Also deutet das Gehirn eine plötzliche Helligkeit als Heraustreten
10 aus einem dunklen Tunnel. Sofern gleichzeitig auch noch Transmittersysteme aktiv sind, die Glücksgefühle erzeugen, entsteht leicht die Interpretation einer von Freude begleiteten Befreiung aus der dunklen Röhre.

Selbst „Out-of-Body-Erfahrungen" – also der Eindruck, den eigenen Körper zu verlassen – können physiologisch erklärt werden. Sich von außen zu sehen, ist
15 keineswegs ungewöhnlich. Wenn man Menschen etwa bittet, sich an einen Schwimmbadbesuch zu erinnern, so geben ungefähr achtzig Prozent an, dass sie sich selbst vom Beckenrand aus im Wasser beobachteten. Bei der Erinnerung betrachten sie sich selbst also aus einer Perspektive, die sie in Wirklichkeit noch nie eingenommen haben. Dies zeigt: [...] Wir sind nur kulturell darauf
20 trainiert, den Betrachtungsstandpunkt innerer Bilder in den Bereich der eigenen Augen zu legen. [...] In Gefahrensituationen erinnert sich unser Nervensystem jedoch an Alternativen und greift auf diese zurück.

Außerkörperliche Erfahrungen können aber auch künstlich erzeugt werden. Als die Mediziner [der Universitätsklinik in Genf im Rahmen einer Vorberei-

Detlev Linke
An der Schwelle zum Tod. In: Gehirn & Geist 3/2003, S. 49–52

25 tung zu einer Epilepsie-Operation einer Frau] im so genannten Gyrus angutaris der rechten Hirnhälfte einen leichten Strom anlegten, berichtete die Frau zunächst von einem Gefühl des Sinkens oder Fallens. Bei höherer Stromstärke erlebte sie dann ein Gefühl der Leichtig-
30 keit – und den Eindruck, zwei Meter über dem Bett zu schweben. Sie hatte den Eindruck, von oben auf ihren Unterkörper und ihre Beine herabzusehen. Out-of-Body-Erlebnisse liegen demnach in der Funktionsweise unseres Gehirns begründet.

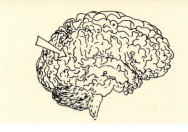

Bei einer 43-jährigen Epilepsie-Patientin konnte man durch elektrische Stimulation einer Region der rechten Gehirnhälfte wiederholt den Eindruck erzeugen, sie befände sich außerhalb ihres Körpers (Bericht in *Nature* Nr. 419, Sept. 2002, S. 269 f.)

1 Stellen Sie zusammen, welche Phänomene bei Nahtod-Erlebnissen Linke mit welchen Argumenten erklärt. Diskutieren Sie die Überzeugungskraft der Erklärungen.

2 Manche Scheintote berichteten nach Unfällen oder Operationen zutreffend über die Bemühungen um ihre Wiederbelegung; sie hatten das Gefühl, diese Bemühungen aus der Out-of-Body-Perspektive beobachten zu können. Linke erklärt dies durch das kurzfristige Öffnen der Augenlider der Patienten, das bei jeder kunstgerechten Reanimation zur Prüfung der Pupillenreaktion vorgenommen wird.
Erörtern Sie im Anschluss an diese Erklärung: Kann Linke die Nahtod-Erlebnisse schlüssig ohne Rückgriff auf die Vorstellung eines Jenseits plausibel machen?

3 Wie schätzen Sie persönlich die Überzeugungskraft der Erlebnisse ein: a) für die Betroffenen, b) für Außenstehende, denen sie berichtet werden?

5.2 Religiöse Jenseitsvorstellungen als Beweise für ein Leben nach dem Tod?

■ Vorstellungen von einem Leben nach dem Tod im Jenseits finden sich bei vielen Völkern und bilden meist den Kernpunkt ihrer Religion. So gab es bei den alten Ägyptern die Vorstellung, dass sich der geistig-seelische Teil des Menschen nach seinem Tod vom Körper löst, um unter dem Schutz des Gottes Anubis eine gefährliche Reise ins Jenseits anzutreten; an deren Ende steht ein Gerichtsverfahren, bei dem die im Leben begangenen Taten darüber entscheiden, ob die Geistseele des Verstorbenen ins Paradies gelangt. Auch die Germanen gaben ihren Verstorbenen Proviant, Waffen und Schmuck für die Reise ins Jenseits mit, wo diese als Seele und Leib bei Hel im Totenreich oder in Walhalla als Gefährten der Götter weiterlebten.

Reise auf einer Barke ins Totenreich (altes Ägypten, um 2100 v. Chr.)

■ Vom römischen Staatsmann Cicero (106–43 v. Chr.) stammt der Gottesbeweis aus der Übereinstimmung der Geschlechter (= Völker) „ex consensu gentium": Wenn alle Völker in ihren Religionen die Vorstellung von Göttern und eines Jenseits haben, ist diese Gemeinsamkeit ein Beweis für deren reale Existenz.

1 Informieren Sie sich genauer über Jenseitsvorstellungen in antiken Religionen und diskutieren Sie auf dieser Grundlage die Überzeugungskraft des Beweises von Cicero.

5.2.1 Jenseitsvorstellungen in den monotheistischen Weltreligionen

■ Christentum und Islam haben in der jüdischen Religion ihre gemeinsame Wurzel. Daher enthält die Jenseitsvorstellung des Judentums bereits wesentliche Elemente, die auch für das Christentum und den Islam zentral sind: den Gerichtsgedanken und die Vorstellung des persönlichen Weiterlebens des ganzen Menschen in der Ewigkeit. Zugleich gehen die drei monotheistischen Weltreligionen davon aus, dass das Weiterleben im Jenseits keine eigene Leistung des Menschen darstellt, sondern von Gottes Willen abhängt.

„So spricht Gott, der Herr, zu diesen Gebeinen: Ich selbst bringe Geist in euch, dann werdet ihr lebendig. Ich spanne Sehnen über euch und umgebe euch mit Fleisch; ich überziehe euch mit Haut und bringe Geist in euch, dann werdet ihr lebendig. Dann werdet ihr erkennen, dass ich der Herr bin."
Ezechiel 37, 5–6
(Aus: *Die Bibel. Einheitsübersetzung der Heiligen Schrift*. Katholische Bibelanstalt, Stuttgart 1980)

INFORMATION **Auferstehung im Judentum**

Die Vorstellung eines Weiterlebens nach dem Tod entwickelte sich in Israel erst nach der Rückkehr des jüdischen Volkes aus dem Exil in Babylon (ca. 530 v. Chr.). In der Torah, den ersten fünf Büchern Mose, findet sich diese Vorstellung noch nicht. Erst in den jüngeren prophetischen Büchern ist von einem Gericht die Rede, das Gott am Ende aller Zeiten über die Welt bringen und nach dessen Abschluss er seine endgültige Herrschaft errichten wird. Zu diesem Gericht werden, so etwa die Vision des Propheten Ezechiel (6. Jh. v. Chr.), die Toten des Volkes Israel aus den Gräbern auferweckt, um sie, wie die dann Lebenden, nach ihren vergangenen Taten zu richten. Erst danach gelangen sie endgültig in Gottes neues ewiges Reich, nah oder fern von ihm.

METHODE ZUR LERNORGANISATION

Partnerpuzzle

Die im Folgenden präsentierten Auferstehungsvorstellungen von Christentum und Islam können Sie auch selbständig nach der Methode „Partnerpuzzle" erarbeiten. Paarweise erschließen Sie die wichtigsten Aussagen über das Leben nach dem Tod – einmal für das Christentum und einmal für den Islam. Dabei sollten Sie diese schriftlich in zwei Spalten festhalten: Den Aussagen, die den Quellentexten zu entnehmen sind, werden die modernen Deutungen von Küng und Schimmel gegenübergestellt. Anschließend finden Sie sich zu einer Vierergruppe zusammen, in der Sie sich gegenseitig Ihre Ergebnisse zum Christentum und zum Islam vorstellen. Offene Fragen können anschließend im Plenum geklärt werden.

Christentum

■ Die christliche Auferstehungsvorstellung gründet sich auf die Auferweckung Jesu. Der Glaube daran geht auf Erscheinungen zurück, welche die Jünger Jesu sowie Frauen aus seinem Gefolge nach seinem Kreuzestod erlebten und die sie als Hinweise auf Jesu Auferweckung durch Gott interpretierten. Das leere Grab, von dem in den Evangelien berichtet wird, spielt in den ursprünglichen Auferstehungsberichten (vgl. folgender Paulus-Text) noch keine Rolle. Es wird vermutlich angeführt, weil nach jüdischer Vorstellung – und die ersten Christen waren, genauso wie Jesus, Juden – eine Auferweckung ohne Körper nicht stattfinden konnte.

Unter dem Eindruck der Erscheinungen bildete sich bei den frühen Christen die Vorstellung, Jesus sei für die Sünden der Menschheit gestorben, dann aber von Gott leiblich auferweckt worden, um nach kurzer Frist als von Gott eingesetzter Weltenrichter zum Endgericht wiederzukommen und das ewige Reich Gottes zu errichten. So lebten die frühen christlichen Gemeinden in der Naherwartung der Wiederkunft Christi. Als diese aber ausblieb und einzelne Mitglieder der ersten christlichen Gemeinden starben, ohne das Endgericht erlebt zu haben, entwickelte ihr Begründer Paulus die Lehre von der leiblichen Auferweckung aller Menschen. Dabei hielt er an der Vorstellung fest, dass Jesus als auferstandener Christus bald zum Gericht über die Welt wiederkehre (sog. Naherwartung der Parusie).

Paulus-Darstellung aus dem 4. Jahrhundert

M 51 Denn vor allem habe ich euch überliefert, was auch ich empfangen habe: Christus ist für unsere Sünden gestorben, gemäß der Schrift, und ist begraben worden. Er ist am dritten Tag auferweckt worden, gemäß der Schrift, und erschien dem Kephas [Petrus], dann den zwölf [Jüngern].¹ Danach erschien er
5 mehr als fünfhundert Brüdern zugleich; die meisten von ihnen sind noch am

1 Paulus weist hier auf eine urchristliche Glaubensformel hin, die er selbst übernommen hat.

Leben, einige sind entschlafen. Danach erschien er dem Jakobus, dann allen Aposteln. Als letztem von allen erschien er auch mir […].

Wenn aber verkündigt wird, dass Christus von den Toten auferweckt worden ist, wie können dann einige von euch sagen: Eine Auferstehung der Toten gibt es nicht? Wenn es keine Auferstehung der Toten gibt, ist auch Christus nicht auferweckt worden. […]

Er [Gott] hat Christus auferweckt. Er hat ihn eben nicht auferweckt, wenn Tote nicht auferweckt werden. Denn wenn Tote nicht auferweckt werden, ist auch Christus nicht auferweckt worden. Wenn aber Christus nicht auferweckt worden ist, dann ist euer Glaube nutzlos, und ihr seid immer noch in euren Sünden; und auch die in Christus Entschlafenen sind dann verloren. Wenn wir unsere Hoffnung nur in diesem Leben auf Christus gesetzt haben, sind wir erbärmlicher dran als alle anderen Menschen.

Nun aber ist Christus von den Toten auferweckt worden als der Erste der Entschlafenen. Da nämlich durch einen Menschen der Tod gekommen ist [2], kommt durch einen Menschen auch die Auferstehung der Toten. Denn wie in Adam alle sterben, so werden in Christus alle lebendig gemacht werden. […]

Nun könnte einer fragen: Wie werden die Toten auferweckt, was für einen Leib werden sie haben? Was für eine törichte Frage! […] Was du säst, hat noch nicht die Gestalt, die entstehen wird; es ist nur ein nacktes Samenkorn, zum Beispiel ein Weizenkorn oder ein anderes. Gott gibt ihm die Gestalt, die er vorgesehen hat, jedem Samen eine andere. […] So ist es auch mit der Auferstehung der Toten. Was gesät wird, ist verweslich, was auferweckt wird, unverweslich. Was gesät wird, ist schwach, was auferweckt wird, ist stark. Gesät wird ein irdischer Leib, auferweckt ein überirdischer Leib. Wenn es einen irdischen Leib gibt, gibt es auch einen überirdischen.

[…] Seht, ich enthülle euch ein Geheimnis: Wir werden nicht alle entschlafen, aber wir werden alle verwandelt werden – plötzlich, in einem Augenblick, beim letzten Posaunenschall. Die Posaune wird erschallen, die Toten werden zur Unvergänglichkeit auferweckt, wir aber werden verwandelt werden. Denn dieses Vergängliche muss sich mit Unvergänglichkeit bekleiden und dieses Sterbliche mit Unsterblichkeit. Wenn sich aber dieses Vergängliche mit Unvergänglichkeit bekleidet und dieses Sterbliche mit Unsterblichkeit, dann erfüllt sich das Wort der Schrift: Verschlungen ist der Tod vom Sieg. Tod, wo ist dein Sieg? Tod, wo ist dein Stachel?

2 Paulus bezieht sich hier auf die Paradiesgeschichte, die erzählt, wie der Ungehorsam Adams gegenüber dem Verbot Gottes, vom Baum der Erkenntnis zu essen, zum Ausschluss aus dem Paradies führt (vgl. Gen 2,4–3). Nach der Deutung von Paulus, die später zur christlichen Erbsündenlehre ausgestaltet wurde, kommt dadurch der Tod über alle Menschen.

1 Kor 15, 3–8, 12–22, 35–42, 51–55. *Die Bibel. Einheitsübersetzung der Heiligen Schrift.* Katholische Bibelanstalt: Stuttgart 1980, S. 1280–1282

❶ Was geschieht nach dem Tod? – Ordnen Sie die traditionelle christliche Antwort in die eingangs vorgestellten Antwortversuche (vgl. S. 104) ein.

❷ Versuchen Sie die Anfragen der korinthischen Gemeindeglieder zu rekonstruieren, auf die Paulus antwortet (vgl. auch 1 Thess 4, 13–18; Mk 12, 18–27). Inwieweit können seine Antworten überzeugen?

■ Heutige Christen vertreten zwar i. Allg. die Vorstellung eines Gerichtes am Ende aller Zeiten, legen sich aber nicht auf den Zeitpunkt fest. Für den einzelnen Gestorbenen ergeben sich dadurch ohnehin keine Wartezeiten: Da er in die Ewigkeit und d. h. in die Zeitlosigkeit hineinstirbt, folgt das Gericht Gottes für ihn unmittelbar. Was der Glaube an ein ewiges Leben für einen Christen heute im Einzelnen bedeuten kann, legt im Folgenden der katholische Theologe Hans Küng (geb. 1928) in drei Punkten dar.

„Durch den Tod wird die Seele vom Leib getrennt. Der Leib fällt der Verwesung anheim. Die Seele, die unsterblich ist, geht dem Gericht Gottes entgegen und wartet darauf, wieder mit dem Leib vereint zu werden, der bei der Wiederkunft des Herrn verwandelt auferstehen wird. Das ewige Leben ist das Leben, das gleich nach dem Tod beginnt. Es wird kein Ende haben. Ein besonderes Gericht durch Christus, den Richter der Lebenden und der Toten, wird für jeden Menschen dem ewigen Leben vorangehen, und durch das letzte Gericht wird es bestätigt werden. […] Dieses Gericht wird am Ende der Welt stattfinden, dessen Tag und Stunde allein Gott kennt" (2 Ptr 3,13). Auszüge aus dem *Katechismus der katholischen Kirche. Kompendium.* Pattloch Verlag: München 2005, S. 82 f.

Darstellung des Jüngsten Gerichts (Französische Buchmalerei, um 1210)

M 52
1. Keine Rückkehr in dieses raumzeitliche Leben:
Nach neutestamentlichem Verständnis hat der Auferweckte den Tod, diese letzte Grenze, endgültig hinter sich. Er ist in ein ganz anderes „himmlisches" Leben eingegangen: in das Leben Gottes, wofür schon im Neuen Testament sehr verschiedene Formulierungen und Vorstellungen gebraucht werden.
2. Keine Fortsetzung dieses raumzeitlichen Lebens: […]
Schon die Rede von „nach" dem Tode ist irreführend: Die Ewigkeit ist nicht bestimmt durch Vor und Nach. Sie meint vielmehr ein die Dimension von Raum und Zeit sprengendes neues Leben in Gottes unsichtbarem, unvergänglichem, unbegreiflichem Bereich. Nicht einfach ein endloses „Weiter": Weiterleben, Weitermachen, Weitergehen. Sondern ein endgültig „Neues": neuer Mensch und neue Welt. Definitiv bei Gott sein und so das endgültige Leben haben, das ist gemeint!
3. Also vielmehr Aufnahme in die allerletzte-allererste Wirklichkeit:
Will man nicht bildhaft reden, so müssen Auferweckung (Auferstehung) und Erhöhung (Entrückung, Himmelfahrt, Verherrlichung) als ein identisches, einziges Geschehen gesehen werden. […]

Die Osterbotschaft besagt in allen so verschiedenen Varianten schlicht das eine: Jesus ist nicht ins Nichts hinein gestorben. Er ist im Tod und aus dem Tod in jene unfassbare und umfassende allerletzte und allererste Wirklichkeit hineingestorben, von ihr aufgenommen worden, die wir mit dem Namen Gott bezeichnen. Wo der Mensch sein Eschaton, das Allerletzte seines Lebens erreicht, was erwartet ihn da? Nicht das Nichts. […] Sondern jenes Alles, das für Juden, Christen und Muslime der eine wahre Gott ist. Tod ist Durchgang zu Gott, ist Heimkehr in Gottes Verborgenheit, ist Aufnahme in seine Herrlichkeit. Dass mit dem Tod alles aus sei, kann streng genommen nur ein Gottloser sagen.

„Evangelische Theologen lehnen die Aufspaltung des Menschen in Leib und Seele ab. Weil der Mensch als ganzer ein Sünder sei, darum sterbe er im Tode ganz und gar mit Leib und Seele (Ganztod). Die Auferstehung der Toten hat dann keinen Anknüpfungspunkt beim Menschen, sie ist völlige Neuschöpfung durch Gott." Aus dem *Evangelischen Erwachsenenkatechismus.* Gütersloher Verlagshaus Mohn. Gütersloh: ⁴1982, S. 533

Im Tod wird der Mensch aus den ihn umgebenden und bestimmenden Verhältnissen entnommen. Von der Welt her, gleichsam von außen, bedeutet der Tod völlige Beziehungslosigkeit, Abbruch aller Beziehungen zu Menschen und Sachen. Von Gott her aber, gleichsam von innen, bedeutet der Tod eine völlig neue Beziehung: zu ihm als der letzten Wirklichkeit. Im Tod wird dem Menschen, und zwar dem ganzen, ungeteilten Menschen, eine neue, ewige Zukunft angeboten.

Hans Küng
Ewiges Leben?
Piper: München 1982,
S. 147 f.

4 Diskutieren Sie die Plausibilität von Küngs Erklärung des ewigen Lebens.

5 Im Neuen Testament findet sich eine Reihe von Höllenvorstellungen (vgl. Mt 8, 11–12; 13, 36–43; 24, 42–51), die auch im heutigen Christentum, besonders im konservativen Katholizismus und in evangelikalen Kreisen, eine Rolle spielen: Kann man sie in Küngs Deutung einordnen?

Islam

Die Aussagen über das ewige Leben, wie sie sich im Judentum und im Christentum finden, gelten insgesamt auch für den Islam. Wie im Judentum, aber anders als im Christentum, wird hier der Auferstehungsglaube nicht mit Jesu Auferweckung begründet, sondern direkt auf Gottes Einwirken zurückgeführt. Außerdem wird der Gerichtsgedanke besonders akzentuiert – und mit ihm die Vorstellung von Allahs Gerechtigkeit, welche die Ungläubigen bestraft und die Gläubigen mit dem Aufstieg in das höchste Paradies, den „siebten Himmel", belohnt. Die folgenden Koranstellen beschreiben zuerst das Gericht Allahs am Ende aller Zeiten und schildern dann das Schicksal der Gläubigen und der Ungläubigen nach dem Gericht.

M 53 Wie könnt ihr an Gott nicht glauben, wo ihr doch tot waret und er euch lebendig gemacht hat, und er euch dann wieder sterben lässt und bei der Auferstehung wieder lebendig macht, worauf ihr zu ihm zurückgebracht werdet? Er ist es, der euch alles, was auf der Erde ist, geschaffen und sich hierauf zum Himmel aufgerichtet und ihn zu sieben Himmeln geformt hat. […]
Und die Ungläubigen haben Gott nicht richtig eingeschätzt. Am Tag der Auferstehung wird er die ganze Erde in seiner Hand halten und den Himmel […] zusammengefaltet in seiner Rechten. Gepriesen sei er! […] Und es wird in die Trompete geblasen. Dann fallen alle, die im Himmel und auf der Erde sind, wie vom Blitzschlag getroffen bewusstlos zu Boden […]. Hierauf wird ein zweites Mal hineingeblasen, und gleich stehen sie (wieder) da und können sehen […]. Und die Erde erstrahlt im Licht ihres Herrn. Und die Schrift (in der die Taten verzeichnet sind) wird aufgelegt. Und die Propheten und (sonstigen) Zeugen werden herbeigebracht, und zwischen ihnen (d. h. zwischen den Menschen, die zum Gericht versammelt sind) wird nach der Wahrheit entschieden, ohne dass ihnen dabei Unrecht getan würde. Und jedem wird voll heimgezahlt, was er im Erdenleben getan hat. Gott […] weiß sehr wohl, was sie tun. […]

Und die Gottesfürchtigen haben bei uns im Jenseits eine schöne Einkehr, die Gärten von Eden, deren Tore für sie geöffnet sind und in denen sie dann behaglich auf Ruhebetten liegen und nach vielen Früchten und erfrischendem Getränk verlangen, während sie gleichaltrige Huris (Jungfrauen) bei sich haben, die Augen (sittsam) niedergeschlagen. Das ist es, was euch (soweit ihr gottesfürchtig seid) für den Tag der Abrechnung versprochen wird. Dies ist unser paradiesischer Unterhalt. Er nimmt kein Ende. Dies steht den Frommen bevor. Diejenigen aber, die gegen Gott aufsässig sind, haben (dereinst im Jenseits) eine üble Einkehr, die Hölle, dass sie darin schmoren, – ein schlimmes Lager! Dies (steht den Gottlosen bevor). Sie sollen es kosten: heißes Wasser und Eiter und anderes dergleichen, (eine Vielfalt von) Arten abscheulicher Getränke. […]

Der Koran: Nach der Übersetzung von Rudi Paret. Kohlhammer: Stuttgart/Berlin/Köln 2001, Sure 2, 28 f.; Sure 39, 67–70; Sure 38, 49–58

Die Hölle

Das Paradies

1 Was geschieht nach dem Tod? – Ordnen Sie die traditionelle islamische Antwort in die eingangs vorgestellten Antwortversuche (vgl. S. 104) ein.

2 Vergleichen Sie die islamischen Vorstellungen über das ewige Leben mit den entsprechenden Aussagen in den jüdischen und christlichen Quellentexten.

■ Da der Koran nach muslimischem Glauben als direkt geoffenbartes Wort Allahs gilt (Lehre von der Verbalinspiration), ist es umstritten, ob man ihn mit Hilfe menschlicher Vernunft auslegen bzw. seine Aussagen symbolisch verstehen darf. Jedoch finden sich symbolische Auslegungen durchaus in den muslimischen Überlieferungen. Solche Auslegungen von Koran-Aussagen über Tod und Gericht referiert im Folgenden die mit dem Islam sympathisierende deutsche Orientalistin Annemarie Schimmel (1922–2003):

Das Gefühl, dass dieses Leben nur eine traumgleiche Vorbereitung für das wahre Leben in der zukünftigen Welt ist, durchdringt viele fromme Aussprüche. Aber man sollte sich nicht einbilden, dass dieser Traum keine Konsequenzen hätte – das Hadith[1] stellt ganz klar fest: „Diese Welt ist das Saatfeld für die künftige Welt." Die Auslegung des „Traumes" wird man dann im Morgenglanz der

[1] Hadith: muslimische Überlieferungen von den Handlungen und Aussprüchen Mohammeds und seiner Gefährten (sog. sunna)

Ewigkeit erfahren. Man konnte daher den Tod auch als Spiegel für die Handlungen sehen: Im Augenblick des Todes wird man erkennen, ob man ein schönes oder hässliches, ein schwarzes oder weißes Gesicht hat; Tod ist […] die Frucht des Lebens; er ist, wie man auf persisch sagt, baghalparwada, „unter dem Arm, an der Brust erzogen", sodass man den Tod erfahren wird, den man zu Lebzeiten selbst vorbereitet hat, ohne es zu wissen. […]

In manchen Auslegungen werden die „Grade" oder „Stufen", daragat, auf die der Koran andeutend hinweist, nicht als verschiedene Gärten innerhalb des Paradieses verstanden, sondern als Anspielung auf die Seelenwanderung. […]

Aber wie kann man diese Stufen beschreiben oder definieren? Sie scheinen darauf hinzuweisen, dass das, was den Muslim im Jenseits erwartet, nicht eine statische unwandelbare Unsterblichkeit ist, denn da Gottes Vollkommenheiten unendlich sind, ist auch die Klimax[2] unendlich. Tor Andrae in Schweden schrieb: „Zu leben, bedeutet zu wachsen. Wenn das künftige Leben ein wirkliches Leben ist, so ist es unmöglich, dass dies eine in Ewigkeit unveränderliche Seligkeit wäre."

[2] Klimax: Steigerung (im Hinblick auf die Entwicklung im zukünftigen Leben)

Annemarie Schimmel
Die Zeichen Gottes. Die religiöse Welt des Islam.
C. H. Beck: München 1995, S. 290, 296

1 Schimmels Deutung bezieht sich auf zwei traditionelle muslimische Vorstellungen über das Leben nach dem Tod: das Gericht über die Gestorbenen und das Eindringen in immer höhere paradiesische Welten beim Bestehen des Gerichtsverfahrens. Wie deutet Schimmel diese Vorstellungen?

2 Diskutieren Sie die Überzeugungskraft der beiden von Schimmel vorgenommenen Deutungen unter Rückgriff auf die abgedruckten Koran-Stellen.

3 Sehen Sie die religiösen Vorstellungen vom Leben nach dem Tod insgesamt als Belege für Ciceros Gottes- und Jenseitsbeweis „ex consensu gentium" (vgl. S. 109)?

DISKUSSION Religiöse Jenseitsvorstellungen als Wunschprojektionen?

Der Mensch trennt sich in der Religion von sich selbst, aber nur, um immer wieder auf denselben Punkt zurückzukommen, von dem er ausgelaufen. […] So verwirft er auch das Diesseits, aber nur, um am Ende es als Jenseits wieder zu setzen. Das verlorene, aber wiedergefundene und in der Freude des Wiedersehens umso heller strahlende Diesseits ist das Jenseits. Der religiöse Mensch gibt die Freude dieser Welt auf; aber nur, um dafür die himmlischen Freuden zu gewinnen […]. Und die himmlischen Freuden sind dieselben, wie hier, nur befreit von Schranken und Widerwärtigkeiten dieses Lebens. […]

Die Religion opfert die Sache dem Bilde auf. Das Jenseits ist das Diesseits im Spiegel der Fantasie – das bezaubernde Bild, im Sinne der Religion das Urbild des Lebens. Das Jenseits ist das im Bilde angeschaute, von aller groben Materie gereinigte – verschönerte Diesseits. […] Der Glaube an das Jenseits ist nichts anderes als der Glaube an die Wahrheit der Fantasie.

Ludwig Feuerbach
Das Wesen der Religion.
Hrsg. von Albert Esser.
Verlag Hegner: Köln 1967, S. 193–196

4 Nehmen Sie Stellung zur Kritik des Religionskritikers Ludwig Feuerbach (1804–1872) auf der Grundlage Ihrer Kenntnisse über die jüdisch-christlich-islamische Jenseitsvorstellung. Lassen sich z. B. auch die Gerichts- und Strafvorstellungen in Christentum und besonders im Islam mit dieser Kritik vereinbaren?

5.2.2 Die buddhistische Jenseitsvorstellung

■ Die Jenseitsvorstellungen von Christentum und Islam beruhen insgesamt auf einem positiven Diesseitsverständnis, das in der Vorstellung des Paradieses, des Himmels oder der Gottesnähe gesteigert und von seinen irdischen Schranken befreit wird. Dagegen geht der Buddhismus, als Religion ohne eine persönliche Gottesvorstellung, von einer negativen Grunderfahrung des diesseitigen Lebens aus.

Leben als Leid und der Weg zu seiner Überwindung

■ Wenn wir jung und gesund sind und das Glück haben, im Wohlstand zu leben, erscheint das Leben als etwas sehr Positives. Im Gegensatz dazu ist für den Buddhismus das Leben seinem innersten Kern nach Leid. Dies zeigt sich schon bei der Geburt, die sowohl für die Mutter als auch das Kind ein schmerzhaftes und gefährliches Ereignis darstellt. Krankheit, Alter und Sterben sind weitere Leidfaktoren, die jeden Menschen treffen; ebenso ist das Getrenntsein von denen, die man liebt, und das erzwungene Zusammensein mit denen, die man nicht mag, leidvoll. Leid wird immer dann erfahren, wenn wir etwas nicht bekommen, was wir wünschen – und diese Grunderfahrung durchzieht unser Leben ständig. Für den historischen Buddha Siddharta Gautama (ca. 560–480 v. Chr.), den Begründer des Buddhismus, lässt sich das Leid nur überwinden, wenn man seine Ursache erkennt. Diese Einsicht und die Erkenntnis des Weges zur Überwindung des Leids gewann der Buddha (= der Erwachte) in tiefster Meditation:

„Wahrlich, ihr Mönche, dies ist die edle Wahrheit vom Leiden: Geburt ist leidvoll, Alter ist leidvoll, Krankheit ist leidvoll, Sterben ist leidvoll, mit Unlieben vereint, von Lieben getrennt zu sein, ist leidvoll; nicht erlangen, was man begehrt, ist leidvoll."
Reden des Buddha. Aus dem Pali-Kanon übersetzt von Ilse-Lore Gunsser. Stuttgart 2001, S. 32

M 55 Dies fürwahr, ihr Mönche, ist die edle Wahrheit vom Entstehen des Leids: Es ist der Durst, welcher zur Wiedergeburt führt, der vereint mit Freude und Begehren sich hier und dort an diesem ergötzt, der Durst nach den Begierden, der Durst nach dem Werden, der Durst nach der Vernichtung.
5 Fürwahr, ihr Mönche, dies ist die edle Wahrheit von dem Vergehen des Leidens: jenes Vergehen durch das restlose Aufgeben der Leidenschaft; die Entsagung, das Verlassen, das Freiwerden, das sich Abwenden von dem Durst.
Dies, wahrlich, ihr Mönche, ist die edle Wahrheit vom Wege, der zur Vernichtung des Leides führt: Es ist der edle achtteilige Pfad, der da heißt: rechte
10 Anschauung (= Erkenntnis des Leides), rechte Gesinnung, rechte Rede, rechte Tat, rechtes Leben (niemandem schaden), rechtes Streben (nach innerer Ausgeglichenheit), rechtes Überdenken und rechtes Sichversenken (Meditation).

Reden des Buddha. Aus dem Pali-Kanon. Nach der Übersetzung von Ilse-Lore Gunsser. Reclam: Stuttgart 2001, S. 33

1 In seiner Lehre geht der Buddha wie ein Arzt vor: Auf die Beschreibung der Symptome folgt eine Diagnose und anschließend die Empfehlung der Therapie und der Medikamente. Ordnen Sie die einzelnen Textpassagen den drei bzw. vier Heilungsschritten zu.

2 Verdeutlichen Sie die besonderen Ansprüche, die der Buddha dem, der ihm nachfolgen will, auferlegt: Warum ist sein Heilungsweg eigentlich nur Wegweiser zur Selbstheilung?

3 Christentum und Islam gelten als Religionen der Fremderlösung, der Buddhismus als Religion der Selbsterlösung. Erklären Sie diese Bezeichnungen.

INFORMATION **Wiedergeburt (Reinkarnation)**

Während in der jüdisch-christlich-islamischen Tradition die Vorstellung herrscht, dass jeder Mensch nur einmal lebt und er in dieser Einmaligkeit von Gott gewollt und schließlich zum ewigen Leben bestimmt ist, geht der Buddhismus von der Wiedergeburt des Menschen aus. Diese Vorstellung übernimmt er aus dem Hinduismus, auf dessen Boden der Buddhismus entstanden ist.

Nach hinduistischer Vorstellung ist es das innere Selbst des Menschen, sein atman, das so lange wiedergeboren wird, bis es zur endgültigen Vereinigung mit Brahman, dem allumfassenden göttlichen Geist, gelangt. Die Form der Wiedergeburt hängt von den Taten ab, die man im vorherigen Leben getan hat: Nach dem Gesetz des Karma (= Wiedervergeltung) werden böse Taten z. B. durch eine Wiedergeburt als Tier, gute hingegen durch die als Mensch in einer hohen Kaste vergolten. Nur die höchste (Wieder-) Geburt als Brahmane bietet nach traditioneller Auffassung die Möglichkeit, den Kreislauf der Wiedergeburten zu verlassen und sich mit Brahman, seinem göttlichen Ursprung, zu vereinigen.

Wie schon für den Hinduismus ist auch für den Buddhismus die Wiedergeburt nach dem Tod nichts Erstrebenswertes, als was sie manche Esoteriker hierzulande ansehen; sie ist vielmehr eine Strafe für diejenigen, die ihr Ziel, die Vereinigung mit Brahman oder das Nirwana, noch nicht erreicht haben. Anders als der Hinduismus geht der Buddhismus aber davon aus, dass jeder, unabhängig von der Kaste, der er angehört, den Kreislauf der Wiedergeburten verlassen kann.

„Wie ein Mensch zerschlissene Kleider ablegt und neue andere anlegt, so legt die verkörperte Seele zerschlissene Körper ab, verbindet sich mit anderen neuen. [...] Denn allem, was geboren ist, ist ja der Tod sicher und sicher ist Geburt für den, der tot ist."
Baghavadgita II, 22. 26

Das Nirwana

■ Die uns erscheinende Wirklichkeit und darin das menschliche Leben werden nach buddhistischer Vorstellung von fünf Daseinsfaktoren bestimmt:
– Die physische Materie bzw. körperliche Gestalt
– Gefühle und Empfindungen wie angenehm und unangenehm
– Sinneswahrnehmungen wie sehen, schmecken, riechen usw.
– Triebkräfte und Willensregungen wie Hass, Liebe, Neid usw.
– Das Bewusstsein als Wissen um diese Faktoren

Sie zusammen erzeugen beim Menschen die Illusion des Selbst oder des Ich-Bewusstseins, das für den Buddhisten die höchste Quelle des Durstes und damit des Leidens darstellt. Durch lange Meditation (der letzte der edlen Pfade) kann der Einzelne dahin kommen, die Triebkräfte Hass, Unersättlichkeit und Nichtwissen zu überwinden – und mit diesen auch das Festhalten an den Daseinsfaktoren und der durch sie erzeugten Ich-Illusion. Er kann so aus dem Kreislauf der Wiedergeburten ausbrechen und das Nirwana (= Verwehen, Verlöschen) erreichen.

M 56 Durch restloses Dahinschwinden und durch das Aufhören des Nichtwissens vergehen die Triebkräfte. Durch das Erlöschen der Triebkräfte tritt das Aufhören des Bewusstseins ein. Schwindet das Bewusstsein, so vergehen auch Name und Gestalt (als äußeres Zeichen für das Ich). Durch das Aufhören von Name und Gestalt wird der Bereich der Sinne ausgelöscht. […] Hört die (damit verbundene) Berührung auf, so ist auch das Gefühl geschwunden. Durch das Vergehen des Gefühls versiegt der Durst. Nach dem Aufhören des Durstes verschwindet der Hang nach dem Leben. Ist der Hang nach dem Leben zu Ende gekommen, so kommt das Werden zur Ruhe, und wenn kein Werden mehr ist, gibt es auch keine (Wieder-) Geburt. Durch das Aufhören der Geburt vergehen Alter und Tod, es schwinden Leid, Klagen, Alter und Ruhelosigkeit. So kommt es zum Aufhören all dieses Leides.

Reden des Buddha. Aus dem Pali-Kanon. Nach der Übersetzung von Ilse-Lore Gunsser. Reclam: Stuttgart 2001, S. 38

1 Überlegen Sie, wie eine Meditation angelegt sein muss, damit sie, wie in der Rede des Buddha Gautama geschildert, die fünf Daseinsfaktoren und die Illusion des Selbst zum Verschwinden bringt.

2 Informieren Sie sich in diesem Zusammenhang über buddhistische Meditationstechniken, etwa im Zen-Buddhismus.

■ Dieser Zustand des durch Meditation zu erreichenden diesseitigen Nirwanas wird noch übertroffen durch das Erreichen des endgültigen Pari-Nirwanas nach dem Tod. Dort sind alle Empfindungen und Begierden völlig ausgelöscht – und mit ihr die individuelle Persönlichkeit, das Ich. Wie eine Flamme die sie nährende Kerze verbrennt und schließlich verlischt, wenn die Kerze niedergebrannt ist, so verlischt bei einem Buddha die Lebensgier nach dem Tod des Körpers endgültig im Nirwana. Nicht erleuchtete oder erwachte Menschen bleiben hingegen durch ihren Durst an den Kreislauf der Wiedergeburt gefesselt, ihre Flamme geht also gleichsam wieder auf eine neue Kerze über. In vielen Klöstern des tibetischen Buddhismus hängt zur Veranschaulichung dieser Lehre das „Lebensrad", auch „Rad der Wiedergeburten" genannt.

Rad der Wiedergeburten bzw. Rad des Lebens

Innerster Kreis: Schlange, Schwein und Hahn (als Symbole für Hass, Nicht-Wissen bzw. Verblendung und Unersättlichkeit) verschlingen sich gegenseitig in der Gier nach Leben.
Innerer Kreis: Zum Nirwana aufsteigende Buddhas und in den Kreislauf der Wiedergeburten herabsinkende, an ihre Lebensgier gefesselte Menschen – als Wirkungen ihrer Taten in diesem und in vorherigen Leben.
Mittlerer Kreis: Oben wird die Welt der Götter und Halbgötter dargestellt, in der Mitte die der Tiere und Menschen; unten findet sich eine Höllendarstellung.
Äußerer Kreis: Darstellung menschlicher Lebenssituationen, die an den Kreislauf der Wiedergeburten fesseln, z. B. ein Liebespaar gibt sich den weltlichen Genüssen und Begierden hin.
Außerhalb des Kreises: Mara, der Gott des Bösen und des Todes, umklammert fest das ganze Rad des Lebens.

❸ Schildern Sie Ihren Gesamteindruck der Abbildung und beschreiben Sie, vom inneren zum äußeren Kreis vorgehend, was Sie dort jeweils erkennen können.

❹ Versuchen Sie anschließend eine Deutung des Beschriebenen aufgrund Ihres Wissens über den Buddhismus. (Auflösung vgl. Randspalte)

■ Was das Pari-Nirwana als Ziel der endgültigen Erlösung im Jenseits eigentlich ist, kann man mit herkömmlichen Denkmustern kaum erfassen. Auch der Buddha Gautama charakterisiert es nur spärlich, durch seinen Kontrast zum leidvollen Diesseits:

> Es gibt, ihr Mönche, einen Bereich, wo weder Erde noch Wasser, noch Feuer noch Wind, wo die Sphäre der Unendlichkeit des Raumes und der Unendlichkeit des Bewusstseins nicht mehr besteht. [...]
> Das Geborene, Gewordene, das Entstandene, das Geschaffene, ursächlich Bedingte, Vergängliche, das Alter und Tod reifen lassen, das ein Nest der Krankheit ist, leicht zu zerstören, das zur Grundlage die Unterstützung der Nahrung hat, nicht genügt dies, um sich daran zu erfreuen.
> Welches die Befreiung von jenem bedeutet, das jenseits noch liegt des erwägenden Denkens, das Ewige, das Ungeborene und nicht Entstandene, die leidfreie und fehlerlose Stätte, das Vergehen der schlechten Daseinsfaktoren, das Zur-Ruhe-Kommen der Triebkräfte, das ist das Glück.

Reden des Buddha. Aus dem Pali-Kanon. Nach der Übersetzung von Ilse-Lore Gunsser. Reclam: Stuttgart 2001, S. 71 f.

5 Versuchen Sie eine eigene Visualisierung des Nirwana und vergleichen Sie seine Grundzüge mit den Jenseitsvorstellungen in Christentum und Islam.

„Beschreiben lässt sich dieser Zustand nicht. Er ist weder durch die Sinne noch durch den Verstand zu erfassen, da er völlig außerhalb des normalen Erfahrungsbereiches liegt. Nur wer selbst in das Nirwana eingegangen ist, kann dieses erfassen. Dann aber gibt es kein Ich mehr, das darüber reden könnte."
Thomas Schweer
Stichwort Buddhismus. W. Heyne Verlag: München 1992, S. 27 f.

Das Mandala symbolisiert als buddhistisches Meditationsbild das Nirwana.

DISKUSSION **Das Nirwana – ein wenig erstrebenswertes Jenseits?**

Versuchen wir einmal uns vorzustellen, was von Herrn Schmidt übrig bleibt, wenn er unsterblich geworden ist. Sein Körper wäre selbstverständlich verschwunden. Damit hätte er auch alle seine Instinkte verloren, die ja mit seinen Drüsen, seinem Gewebe, in einem Wort mit seinem Körper untrennbar verbunden sind. Sinn, Gemüt und Verstand müsste er ebenfalls opfern, denn sie sind abhängig von körperlichen Vorgängen, ihre Funktion beruht auf den Meldungen, die sie von den körperlichen Sinnesorganen empfangen; sie verraten ihre Unbeständigkeit dadurch, dass sie ununterbrochen von einem Gegenstand zum anderen wandern. Damit wäre auch die Fähigkeit zu logischem Denken verloren, und Herr Schmidt würde sich in seiner Unsterblichkeit selbst nicht mehr wiedererkennen. Alles, woran er und andere seine Identität feststellen könnten, wäre verschwunden."

Edward Conze
Der Buddhismus.
Wesen und Entwicklung.
W. Kohlhammer:
Stuttgart/Berlin/Köln/
Mainz 1953, S. 21 f.

6 Diskutieren Sie die Berechtigung der Kritik des Buddhismusforschers Edward Conze an der Nirwana-Vorstellung und versuchen Sie eine Antwort aus buddhistischer Sicht.

Die Nirwana-Vorstellung als Konsequenz einer pessimistischen Weltanschauung

■ Der deutsche Philosoph Arthur Schopenhauer (1788–1860) entwickelt in seinem Hauptwerk „Die Welt als Wille und Vorstellung" (1819/1844) eine dem Buddhismus nahestehende pessimistische Philosophie. Nach dieser besteht der Urgrund der Welt in einem blinden Willen, der alle Lebewesen antreibt, ihre Triebe und Bedürfnisse zu erfüllen. Speziell die Menschen lässt er, vergleichbar mit dem „Durst" der Buddhisten, ständig nach Genuss und Glück streben, was schließlich zu nichts als Leid führt. Eine wirkliche Lösung aus der Umklammerung durch den blinden Lebenswillen ist nach Schopenhauer nur durch Askese und letztendlich durch das Eingehen ins Nichts möglich.

Arthur Schopenhauer
mit Pudel
Zeichnung von
Wilhelm Busch
(1870/1872)

M 58 Der Optimismus […] ist nicht nur eine falsche, sondern auch eine verderbliche Lehre. Denn er stellt uns das Leben als einen wünschenswerten Zustand und als Zweck desselben das Glück des Menschen dar. Davon ausgehend glaubt dann jeder den gerechtesten Anspruch auf Glück und Genuss zu haben: Werden nun diese, wie es zu geschehen pflegt, ihm nicht zuteil, so glaubt er, ihm geschehe Unrecht, ja er verfehle den Zweck seines Daseins – während es viel richtiger ist, Arbeit, Entbehrung Not und Leiden, gekrönt durch den Tod, als Zweck unseres Lebens zu betrachten (wie dies Brahmanismus und Buddhismus tun); weil diese es sind, die zur Verneinung des Willens zum Leben leiten. […]

Vor uns bleibt allerdings nur das Nichts. Aber das, was sich gegen dieses Zerfließen ins Nichts sträubt, unsere Natur, ist ja eben nur der Wille zum Leben, der wir selbst sind, wie er unsere Welt ist. Dass wir so sehr das Nichts verabscheuen, ist nichts weiter als ein anderer Ausdruck davon, dass wir so sehr das Leben wollen und nichts sind als dieser Wille, und nichts kennen als eben ihn. Wenden wir aber den Blick von unserer eigenen Dürftigkeit und Befangenheit auf diejenigen, welche die Welt überwanden, in denen der Wille, zur vollen Selbsterkenntnis gelangt, sich in allem wiederfand und dann sich selbst frei verneinte [wie z. B. der Buddha Gautama], so zeigt sich uns, statt des rastlosen Dranges und Treibens, statt des rastlosen Überganges von Wunsch zu Furcht und von Freude zu Leid, statt der nie befriedigten und nie ersterbenden Hoffnung, daraus der Lebenstraum des wollenden Menschen besteht, jener Friede, der höher ist als alle Vernunft, jene gänzliche Meeresstille des Gemüts, jene tiefe Ruhe, unerschütterliche Zuversicht und Heiterkeit. […] Nur die Erkenntnis ist geblieben, der Wille ist verschwunden. […]

Was nach gänzlicher Aufhebung des Willens übrig bleibt, ist für alle die, welche noch des Willens voll sind, allerdings Nichts. Aber auch umgekehrt ist denen, in welchen der Wille sich gewendet und verneint hat, diese unsere so sehr reale Welt mit allen ihren Sonnen und Milchstraßen – nichts.

Arthur Schopenhauer
Die Welt als Wille und Vorstellung. Sämtliche Werke. Hrsg. von Arthur Hübscher. Brockhaus: Wiesbaden 1972, Bd. 2, 4. Buch, S. 671; Bd. 1, 4. Buch, S. 486 f.

1 „Wem diese Welt nichts ist, dem ist Nirwana alles; wem diese Welt alles ist, dem ist Nirwana nichts." Erklären Sie mithilfe des Textauszuges diesen Satz Schopenhauers, mit dem er die erste Auflage seines Hauptwerkes „Die Welt als Wille und Vorstellung" beschloss.

2 Erläutern Sie, weshalb Schopenhauer die buddhistische Nirwana-Vorstellung so hochschätzt und wie er die verbreitete Ablehnung dieser Vorstellung erklärt.

3 Erörtern Sie auf der Grundlage von Schopenhauers Ausführungen die Tragfähigkeit der buddhistischen Lehre für die Lebensorientierung.

5.2.3 Religiöse Vorstellungen als Illusionen?

■ Der Anspruch, dass die bei allen Völkern verbreiteten religiösen Jenseitsvorstellungen ein Hinweis auf oder gar ein Beweis für ein jenseitiges Leben seien (vgl. Ciceros Beweis „ex consensu gentium", S. 109), wird nicht nur von Philosophen, sondern auch von Psychologen in Zweifel gezogen. Das zeigen die beiden folgenden Äußerungen von Sigmund Freud (1856–1939) und Erich Fromm (1900–1980):

M 59 [Die religiösen Vorstellungen] sind nicht Niederschläge der Erfahrung oder Endresultate des Denkens, es sind Illusionen, Erfüllungen der ältesten, stärksten, dringendsten Wünsche der Menschheit; das Geheimnis ihrer Stärke ist die Stärke dieser Wünsche. […] Eine Illusion ist nicht dasselbe wie ein Irrtum, sie ist auch nicht notwendig ein Irrtum. Die Meinung des Aristoteles, dass sich Ungeziefer aus Unrat entwickle, an der das unwissende Volk noch heute festhält, war ein Irrtum […]. Dagegen war es eine Illusion des Kolumbus, dass er einen neuen Seeweg nach Indien entdeckt habe. Der Anteil seines Wunsches an diesem Irrtum ist sehr deutlich. […] Sie [die religiösen Lehren] sind sämtlich Illusionen, unbeweisbar, niemand darf gezwungen werden sie für wahr zu halten, an sie zu glauben. Einige von ihnen sind so unwahrscheinlich, so sehr im Widerspruch zu allem, was wir mühselig über die Realität der Welt erfahren haben, dass man sie – mit entsprechender Berücksichtigung der psychologischen Unterschiede – den Wahnideen vergleichen kann. Über den Realitätswert der meisten von ihnen kann man nicht urteilen. So wie sie unbeweisbar sind, sind sie auch unwiderlegbar.

Sigmund Freud
Die Zukunft einer Illusion. In: Ders.: Gesammelte Werke, chronologisch geordnet. Hrsg. von Anna Freud u. a. Bd. 14. Fischer Verlag: Frankfurt/M. ³1963, S. 352–354

M 60 Je größer die Versagungen sind, die die Menschen in der Realität erleiden, desto stärker muss dafür Sorge getragen werden, dass sie sich durch Fantasiebefriedigung für die realen Versagungen entschädigen können. Die Fantasiebefriedigungen haben die doppelte Funktion jedes Narkotikums, sie sind schmerzlindernd, aber gleichzeitig auch ein Hindernis der aktiven Einwirkung auf die Realität. Die gemeinsamen Fantasiebefriedigungen haben gegenüber den individuellen Tagträumen einen wesentlichen Vorzug darin, dass sie in Folge ihrer Gemeinsamkeit für das Bewusstsein wirken wie eine Einsicht von realen Tatsachen. Eine Illusion, die von allen fantasiert wird, wird zur Realität. Die älteste dieser kollektiven Fantasiebefriedigungen ist die Religion.

Erich Fromm
Das Christusdogma. Szczesny: München 1965, S. 26

1. Geben Sie Freuds und Fromms Überlegungen in eigenen Worten wieder und stellen Sie Gemeinsamkeiten und Unterschiede in ihrer Sicht der Religionen heraus.
2. Beurteilen Sie die Berechtigung der kritischen Argumentationen von Freud und Fromm und gehen Sie dabei auf die Unterschiede in den Jenseitsvorstellungen der Weltreligionen ein.

5.3 Philosophische Überlegungen zur Unsterblichkeit

■ Zweifellos sind die religiösen Vorstellungen allgemeiner als die individuellen Jenseitserfahrungen der klinisch Toten. Aber es sind eben doch bloß Vorstellungen, die vielleicht nur der Einbildungskraft der Menschen entspringen und dabei alle Erfahrung weit hinter sich lassen. Als Beweise für ein Leben nach dem Tod im strengen Sinn können sie daher ebenso wenig gelten wie die Nahtod-Erfahrungen.

Um solche Beweise zu führen, gibt es noch einen dritten Weg: den Versuch, durch einen schlüssigen Argumentationsgang die Existenz eines Jenseits oder einer dort weiterlebenden Seele nachzuweisen. Hier zählt allein das überzeugende Argument, weil die Vernunft oder der Verstand angesprochen werden. Damit ist die Aufgabe der Metaphysik gekennzeichnet: Sie hat es sich u. a. vorgenommen, die Existenz einer unsterblichen Seele mithilfe zwingender begrifflicher Argumentation zu beweisen und so auf diesem umstrittenen Gebiet zu gesicherten Erkenntnissen zu gelangen. Das Anliegen der Metaphysik besteht also darin, mit der Kraft des vernünftigen Denkens – und nicht mithilfe der Erfahrung oder der Einbildungskraft – Antworten auf Fragen nach dem Übersinnlichen zu finden.

5.3.1 Gibt es eine vom Körper trennbare unsterbliche Seele?

■ Der griechische Philosoph Sokrates (470–399 v. Chr.) wurde im Alter von 72 Jahren aufgrund der Anklage einflussreicher athenischer Bürger zum Tode verurteilt. Gemäß seinem Wahlspruch: „Unrecht leiden ist besser als Unrecht tun" nahm er den Tod freiwillig hin – bis zum Ende mit seinen Freunden über die Unsterblichkeit der Seele philosophierend. Das Sterben von Sokrates schildert sein Schüler Platon im Dialog „Phaidon".

M 61
Kriton: Auf welche Weise aber sollen wir dich bestatten? […]
Sokrates: Du musst vielmehr getrost sein und sagen, dass es mein Leib ist, den du bestattest, und du musst ihn so bestatten, wie es dir eben recht ist und wie du glaubst, dass es dem Herkommen am meisten entspricht.
5 Nach diesen Worten stand Sokrates auf und ging in ein Gemach, um zu baden, und Kriton folgte ihm, uns aber hieß er warten. […] Nachdem er nun gebadet hatte, brachte man seine Kinder zu ihm – er hatte nämlich zwei kleine Söhne und einen großen –, und auch die Frauen seiner Verwandtschaft fanden sich ein. Mit ihnen sprach er in Kritons Beisein und trug ihnen seine letzten Wün-
10 sche auf, dann hieß er die Frauen und Kinder wieder gehen und kam zu uns zurück. […]

BIOGRAFIE

Sokrates

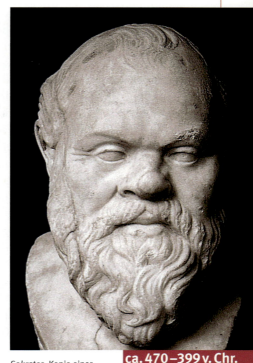

ca. 470–399 v. Chr.

Sokrates wurde ca. 470 v. Chr. als Sohn der Hebamme Phainarete und des Steinmetzes Sophroniskos in Athen geboren, wo er zunächst selbst als Bildhauer tätig war. Später wurde er zum unermüdlichen Lehrer seiner Mitbürger, die er auf den Straßen und Plätzen Athens in philosophische Gespräche verwickelte. Zu Sokrates' Schülern gehörte besonders die vornehme Jugend, unter ihnen Platon und der spätere Feldherr Alkibiades. Da er aber im Gegensatz zu den anderen Lehrern seiner Zeit, den Sophisten, kein Geld für seinen Unterricht nahm, lebte er in bescheidenen Verhältnissen. Seine Frau Xanthippe, mit der ihn drei Söhne verbanden, hatte ein schweres Leben und ihre sprichwörtlich gewordene Zänkerei gute Gründe.

Als pflichtbewusster Bürger nahm Sokrates auch an Athens Feldzügen teil und war im Jahre 406 v. Chr. ehrenamtlicher Richter, wobei ihn sein Gewissen bisweilen zum Widerspruch gegen die Urteile seiner Mitrichter veranlasste.

„Keiner ist weiser als Sokrates", hatte das Orakel von Delphi verkündet und so machte sich Sokrates auf die Suche nach Menschen, die weiser als er zu sein schienen: Er fragte den Priester nach dem Wesen der Frömmigkeit, den Feldherrn nach dem Wesen der Tapferkeit und den Politiker nach dem Wesen der Staatskunst. Durch hartnäckiges Nachfragen deckte er auf, dass diese zwar alle meinen, sie wüssten, was das Wesen der betreffenden Sache sei, es in Wahrheit aber nicht wissen, da sie keine allgemein gültige Definition davon geben können, die alle Einzelfälle umfasst. Sokrates stellte daher ironisch die Wahrheit des Orakelspruches fest, wenn er sagte: „Ich weiß, dass ich nichts weiß". Zwar kannte auch er nicht das Wesen der Dinge, aber im Gegensatz zu anderen, die nur meinten, etwas zu wissen, wusste er wenigstens, dass er nichts wusste.

Im Jahre 399 v. Chr. wurde Sokrates wegen „Gottlosigkeit" und „Verführung der Jugend" zum Tode verurteilt. Freunde hatten schon alles für eine Flucht vorbereitet und vermutlich hätten es auch die Ankläger gern gesehen, wenn sich der überall bekannte Sokrates der Urteilsvollstreckung entzogen hätte.

Sokrates. Kopie einer griechischen Porträtbüste des 4. Jahrhunderts v. Chr.

Sokrates blieb aber nach seiner Verurteilung freiwillig in Athen, weil er sich den Gesetzen dieser Stadt verpflichtet fühlte, von denen er sein ganzes Leben lang profitiert und ihnen damit zugestimmt hatte. Umgeben von Freunden und Schülern trank er den Schierlingsbecher, dessen Gift langsam zum Herzen wandert, und starb – bis zum Ende philosophierend.

Philosophische Überlegungen zur Unsterblichkeit

Als er nun gekommen war, setzte er sich nieder nach dem Bade und sprach dann nicht mehr viel. Da kam der Diener der Elfmänner[1], trat zu ihm und sagte: Über dich, Sokrates, werde ich mich nicht zu beklagen haben wie über andere, dass sie mir böse werden und mir fluchen, wenn ich ihnen auf Geheiß der Obrigkeit befehle, das Gift zu trinken. Dich aber habe ich auch sonst schon in dieser Zeit als den edelsten, gelassensten und trefflichsten von allen kennen gelernt, die sich jemals hier befunden haben, und auch jetzt weiß ich sicher, dass du mir nicht böse sein wirst, denn du kennst ja die Schuldigen [...]. Und zugleich begann er zu weinen, wandte sich um und ging weg.

Sokrates aber sah ihm nach und sprach: Auch du lebe wohl; ich will es tun. Und zu uns sagte er: Wie feinfühlend der Mensch ist! Die ganze Zeit über suchte er mich auf, unterhielt sich zuweilen mit mir und zeigte sich als den Besten der Menschen; und nun, wie aufrichtig beweint er mich! Aber wohlan, mein Kriton, wir wollen ihm gehorchen! Es bringe mir einer das Gift, wenn es gerieben ist; wo nicht, so reibe es der Mann! [...].

Als aber Sokrates den Mann sah, sagte er: Gut, mein Bester, du verstehst dich ja auf diese Dinge; was habe ich zu tun?

Nichts weiter, antwortete er, als, wenn du getrunken hast, herumzugehen, bis dir die Schenkel schwer werden, und dich dann niederzulegen; so wird es schon wirken. Damit reichte er dem Sokrates den Becher. Dieser nahm ihn, ganz getrost [...], ohne im mindesten zu zittern oder die Farbe oder Miene zu verändern, [...] setzte er den Becher an und trank ihn ganz frisch und unverdrossen aus. Von uns aber waren die meisten bis dahin ziemlich imstande gewesen, an sich zu halten, dass sie nicht weinten; als wir aber sahen, dass er trank und mit Trinken fertig war, konnten wir uns nicht mehr halten, sondern auch mir selbst brachen die Tränen gewaltsam und stromweise hervor, sodass ich mein Gesicht verhüllte und weinte, nicht um ihn, sondern über mein eigenes Geschick, dass ich eines solchen Freundes beraubt sein sollte. Kriton war noch eher als ich aufgestanden, weil er nicht vermochte, die Tränen zurückzuhalten. [...] Und es gab niemand unter allen Anwesenden, den er nicht durch sein Weinen erschüttert hätte, außer Sokrates selbst. [...]

Als wir das hörten, schämten wir uns und hielten inne mit Weinen. Sokrates aber ging auf und ab, und als er merkte, dass ihm die Schenkel schwer wurden, legte er sich auf den Rücken; denn so hatte es ihm der Mann geraten. Und zugleich befühlte ihn eben der, der ihm das Gift gereicht hatte, und untersuchte nach einiger Zeit seine Füße und Schenkel. Dann drückte er kräftig seinen Fuß und fragte, ob er es fühle. Sokrates sagte nein. Darauf machte es jener mit den Unterschenkeln genauso, und so ging er immer weiter hinauf am Körper und zeigte uns, wie er kalt und starr wurde. Er befühlte ihn noch wiederholt und sagte, wenn es ihm ans Herz komme, dann werde er tot sein. Als ihm nun schon der Unterleib fast ganz kalt war, da schlug er die Kopfhülle zurück – er hatte sich nämlich verhüllt – und sprach die letzten Worte: Mein Kriton, wir sind dem Asklepios einen Hahn schuldig. Spendet ihn und versäumt es nicht![2] – Das soll geschehen, sagte Kriton; sieh aber zu, ob du noch sonst etwas zu sagen hast. Als Kriton dies fragte, gab Sokrates keine Antwort mehr, sondern bald darauf

[1] Elfmänner: Die Männer, die für Sokrates' Verurteilung verantwortlich waren.

[2] Vermutlich will Sokrates mit der Erinnerung Kritons an ein religiöses Opfer dem Gott der Heilkunst für die Heilung von der Krankheit des Lebens danken.

In seinem Bild *Der Tod des Sokrates* (1787) stellt der Maler **Jacques Louis David** den zum Tode verurteilten Sokrates in der Pose eines unerschrockenen Revolutionärs dar.

zuckte er, und der Mann deckte ihn auf; da waren seine Augen gebrochen. Als Kriton das sah, drückte er ihm den Mund und die Augen zu. Dies […] war das Ende unseres Freundes, des Mannes, der, wie wir wohl sagen dürfen, von sei-
60 nen Zeitgenossen, die wir kennen gelernt haben, der beste und der einsichtigste und gerechteste überhaupt war.

Platon *Phaidon oder von der Unsterblichkeit der Seele.* Nach der Übersetzung von Friedrich Schleiermacher. Reclam: Stuttgart 1984, S. 131–137 [115B–118]

① Suchen Sie nach Hinweisen im Text, welche die große Gelassenheit des Sokrates in seiner Todesstunde erklären können. Weshalb scheint ihm etwa die Bestattung seines Leibes gleichgültig zu sein?

② Beziehen Sie Platons Bericht über das Sterben von Sokrates auf Davids Gemälde von 1787. Welche Züge des Sokrates will der mit der Französischen Revolution sympathisierende Maler besonders hervorheben? Diskutieren Sie, ob diese Interpretation berechtigt ist.

③ Ziehen Sie als Vergleichstext ggf. die Darstellung von Jesu Tod durch den Evangelisten Markus (Kapitel 15) hinzu.

■ Offenbar hatte Sokrates die Vorstellung, dass er in der Unterwelt, dem Hades, wohin nach antiker griechischer Vorstellung alle Seelen nach dem Tod kamen, seine philosophischen Gespräche weiterführen, ja sogar intensivieren könne. Denn dort, so glaubte er, werde er nicht mehr vom Sinnlichen abgelenkt, sondern könne sich ganz auf das Philosophieren konzentrieren. Grundlage dieser Vorstellung waren seine Beweise von der Unvergänglichkeit der Seele. Von ihnen überliefert Platon im Dialog „Phaidon" vier, die Sokrates in Auseinandersetzung mit seinen Freunden Simmias und Kebes entwickelt. Der folgende Auszug konzentriert sich auf den letzten Beweis und verdeutlicht zunächst die Annahme, dass es zwei grundlegend unterschiedliche Wesenheiten in der Welt gibt.

Sokrates: Wollen wir also zwei Arten der Dinge annehmen, eine sichtbare und eine unsichtbare?

Kebes: Das wollen wir.

Sokrates: Und die unsichtbare als immer sich gleich bleibend, die sichtbare aber als niemals sich gleich bleibend?

Kebes: Auch das wollen wir annehmen. Sokrates: Wohlan denn, ist nicht von uns selbst das eine Körper und das andere Seele?

Kebes: Allerdings.

Sokrates: Welcher von jenen beiden Arten wird nun wohl unser Körper ähnlicher und verwandter sein?

Kebes: Das ist doch jedem klar, der sichtbaren. […]

Sokrates: Was sagen wir nun von der Seele? Ist sie sichtbar oder nicht sichtbar?

Kebes: Nicht sichtbar.

Sokrates: Also unsichtbar.

Kebes: Ja.

Sokrates: Die Seele ist also dem Unsichtbaren ähnlicher als der Körper, dieser aber dem Sichtbaren.

Kebes: Unbedingt, mein Sokrates.

Sokrates: Haben wir nicht auch das vorhin schon gesagt, dass die Seele, wenn sie sich des Leibes bedient, um etwas zu betrachten, sei es durch das Auge oder das Ohr oder irgendeines anderen Sinn […], dass sie dann selbst schwankt und irrt. […] Wenn sie aber durch sich selbst betrachtet, wendet sie sich nach jener Seite hin zu dem Reinen, Ewigen, Unsterblichen und sich stets Gleichbleibenden. […] Und eben dieser Zustand der Seele heißt doch Vernunfterkenntnis. […]

Betrachte die Sache auch von dieser Seite: Solange Seele und Leib beisammen sind, gebietet die Natur dem Letzteren, zu dienen und zu gehorchen, der Ersteren aber zu befehlen und zu herrschen. Welches von beiden dünkt dich nun, die Sache von dieser Seite betrachtet, dem Göttlichen ähnlich zu sein und welches dem Sterblichen? Oder scheint dir nicht das Göttliche von Natur zum Herrschen und Regieren, das Sterbliche aber zum Gehorchen und Dienen bestimmt zu sein?

Kebes: Allerdings.

Sokrates: Welchem von beiden gleicht nun die Seele?

Kebes: Die Seele, mein Sokrates, offenbar dem Göttlichen, der Leib aber dem Sterblichen.

Sokrates: Sieh nun zu, mein Kebes, ob sich für uns aus allem, was gesagt ist, nicht Folgendes ergibt: Dem Göttlichen, Unsterblichen, Geistigen, Eingestaltigen, Unauflöslichen und immer sich völlig Gleichbleibenden ist die Seele am ähnlichsten, dem Menschlichen, Sterblichen, Ungeistigen, Vielgestaltigen, Auflöslichen und niemals sich selbst Gleichbleibenden dagegen der Leib. Können wir, mein lieber Kebes, etwas dagegen einwenden, dass dem also sei?

Kebes: Nein.

Sokrates: Wie nun? Wenn dem so ist, kommt es dann nicht dem Körper zu, sich rasch aufzulösen, der Seele dagegen, ganz und gar oder wenigstens nahezu unauflöslich zu sein?
Kebes: Natürlich. […]
Sokrates: Und die Seele, das Unsichtbare, die nach einem ihrem Wesen ähnlichen Orte hinzieht, einem edlen, reinen und unsichtbaren Orte, dem wahren Hades[1], zu dem guten und weisen Gotte, wohin, so Gott will, alsbald auch meine Seele zu gehen hat – diese Seele, die so beschaffen und geartet ist, sollte nach ihrer Trennung vom Körper sogleich verweht werden und untergehen, wie die meisten Menschen behaupten? Weit gefehlt, mein lieber Kebes und Simmias! Vielmehr verhält es sich so: Wenn die Seele sich lauter und rein vom Körper trennt, ohne etwas von ihm mit sich zu ziehen, da sie ja im Leben freiwillig nichts mit ihm gemein hatte, sondern ihn floh und sich auf sich selbst zurückzog und immer darauf bedacht war, was doch nichts anderes heißen will, als dass sie recht philosophierte […], hieße dies nicht auf den Tod bedacht sein?[2]
Kebes: Allerdings.
Sokrates: Ist sie nun in dieser Verfassung, so geht sie doch zu dem ihr ähnlichen Unsichtbaren, dem Göttlichen, Unsterblichen und Vernünftigen. Wenn sie aber dorthin gelangt, wird ihr Glückseligkeit zuteil, und sie ist von Irrtum und Unwissenheit, Furcht und wilder Liebesglut und allen anderen menschlichen Übeln befreit, indem sie wirklich, wie es von den Eingeweihten heißt, die übrige Zeit mit den Göttern vereint lebt. Wollen wir uns dahin erklären, mein Kebes, oder anders?
Kebes: So, beim Zeus.

[1] Dem griechischen Volksglauben nach führen die Seelen im Hades nur eine reduzierte Schattenexistenz; für Sokrates ist das Leben dort hingegen das wahre (philosophische) Leben.

[2] Nach Sokrates bzw. Platon versucht der wahre Philosoph schon im Leben den sinnlichen Einflüssen des Körpers zu entgehen, indem er sich auf die Erkenntnis der reinen Vernunftideen konzentriert. In diesem Sinn strebt der wahre Philosoph „nach gar nichts anderem, als zu sterben und tot zu sein" (Phaidon, 63 D).

Platon *Phaidon oder von der Unsterblichkeit der Seele.* Nach der Übersetzung von Friedrich Schleiermacher. Reclam: Stuttgart 1984, S. 56–61 (78 D–80 E)

4 An anderer Stelle bezeichnet Platon den Leib auch als „Kerker" oder „Grabmal der Seele" (vgl. Kratylos, 400c). Erläutern Sie diese Bezeichnung mit Hilfe von Platons bzw. Sokrates' Grundannahmen.

5 Im Textauszug will Sokrates beweisen, dass die Seele unvergänglich ist und erst nach dem Tod ihre wahre Glückseligkeit erreicht.
Erschließen Sie den Text mithilfe der Hinweise zur Methode „Philosophische Texte verstehen" (vgl. S. 26) und stellen Sie die zum Beweis vorgebrachten Argumente systematisch zusammen.

6 Prüfen Sie die Überzeugungskraft von Platons philosophischer Argumentation für die Unsterblichkeit der menschlichen Seele unter Zuhilfenahme der folgenden methodischen Hinweise „Philosophisch argumentieren und urteilen" (vgl. S. 130/131).

Platon *Kratylos.* Sämtliche Werke. In der Übersetzung von Friedrich Schleiermacher. Hrsg. von Ernesto Grassi. Bd. 2. Rowohlt: Reinbek 1957, S. 143 (400 c)

METHODE

Philosophisch argumentieren und urteilen

Eine philosophische Argumentation besteht im Wesentlichen aus einer Behauptung (These) und deren Begründung. Die Begründung erfolgt dabei durch weitere Behauptungen oder Argumente, die ihrerseits, aufgrund von möglichen Einwänden, nochmals durch Gründe bzw. prinzipielle Voraussetzungen gerechtfertigt werden. So kann die These, die Seele sei unvergänglich, mit der begründenden Behauptung gestützt werden, sie sei nichts Körperliches. Diese beiden Thesen bedürfen dann einer weiteren argumentativen Rechtfertigung.

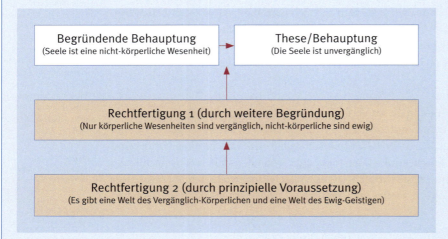

Wer philosophisch argumentiert, kann sich also nicht bloß auf Autoritäten berufen („Die Seele ist unsterblich, weil das in der Bibel bzw. dem Koran steht") oder nur auf Erfahrung Bezug nehmen („Die Seele ist sterblich, weil noch keiner unsterbliche Seelen gesehen hat"). Er kann und sollte seine Gründe allerdings durch Beispiele aus der Erfahrung veranschaulichen oder dadurch weiter stützen, dass sie auch von anerkannten Philosophen, Wissenschaftlern oder anderen Autoritäten (mit guten Argumenten) vertreten werden. Die Auseinandersetzung mit Gegengründen ist darüber hinaus ein Kennzeichen einer ausgewogenen philosophischen Argumentation.

Will man eine philosophische Argumentation angemessen beurteilen, genügt es nicht, einfach eine andere oder gegenteilige Behauptung aufzustellen, also etwa zu sagen: „Ich kann Platon nicht zustimmen, weil ich denke, dass die Seele mit dem Tode des Körpers untergeht." Man muss sich vielmehr auf die Begründungen für die Behauptung einlassen und diese durchdenken, auch wenn man dazu eine ganz andere Meinung hat.

Zur kritischen Prüfung einer philosophischen Argumentation kann man zuerst einmal seine Alltagsvorstellungen und Intuitionen ins Spiel bringen: Stimmen die zentralen Behauptungen mit meiner Weltsicht überein bzw. überzeugen mich die gelieferten Begründungen? Von dieser Basis aus kann nun genauer geprüft werden. Ein wichtiges Prüfverfahren besteht darin, die Folgerungen zu durchdenken, die sich aus den zentralen Behauptungen ergeben. Führen sie ins Abwegige oder gar Absurde, ist das oft ein Hinweis auf ihre Schwächen. Auch die Frage, ob der Autor alle wesentlichen Aspekte der Sache in seine Überlegungen einbezogen hat, kann weiterführen.

Das Wesentliche jedoch ist die Prüfung der argumentativen Stimmigkeit (Kohärenz). Hier versucht man nachzuweisen, dass die Voraussetzungen (Prämissen) willkürlich oder sogar falsch sind bzw. die Behauptung gar nicht zwingend aus den Voraussetzungen folgt. Folgende Leitfragen helfen dabei:

▶ Auf welchen Prämissen und Annahmen basiert die Argumentation? Sind sie willkürlich gesetzt bzw. fehlerhaft oder sind sie überzeugend und weiter begründbar?

▶ Ist die Argumentation in sich widersprüchlich oder wird gegen andere elementare Regeln logischen Schließens verstoßen? (z. B. wenn Platon an anderer Stelle argumentiert, der Nachweis der Seelenexistenz vor der Geburt beweise ihr Weiterleben nach dem Tod.)

▶ Basiert die Argumentation auf einem Zirkelschluss, indem sie nur aufzeigt, was in den Anfangsvoraussetzungen schon lag (z. B. wenn Platon behauptet, das Reich des Göttlichen und Ewigen sei die Heimat der Seele und daher sei sie unsterblich.)

▶ Wird zwar ein Teilaspekt der Behauptung oder etwas für sie Sprechendes begründet, nicht aber diese als ganze – und damit weniger bewiesen als beansprucht? (z. B. wenn Platon darlegt, dass die Seele bereits im Leben dem Körper befiehlt und daraus schließt, sie könne daher auch nach dessen Auflösung weiter bestehen.)

Hat man in einer philosophischen Argumentation mangelnde Kohärenz oder willkürliche Voraussetzungen aufgezeigt, so ist damit die Falschheit der Behauptung noch nicht erwiesen. Denn es könnte ja z. B. sein, dass Platons Argumentation für die Unvergänglichkeit der Seele fehlerhaft, die Seele aber gleichwohl unsterblich ist.

Philosophische Argumentationen gehen meist auf sehr allgemeine Voraussetzungen oder Prinzipien zurück, deren Übernahme auch nicht-rationale Aspekte einschließt. So liegt etwa Platons Unsterblichkeitsbeweis die Annahme zugrunde, dass der Mensch kein rein materielles Wesen sei. Daher können so gut wie alle philosophischen Beweisführungen von anderen Voraussetzungen aus plausibel kritisiert werden. Das bedeutet aber keinen Verzicht auf das Bemühen um schlüssige Argumentation und Gegenargumentation; denn in jeder Argumentation gehen wir letztlich davon aus, dass man sich mit ihrer Hilfe der Wahrheit zumindest annähern kann.

■ Kebes und Simmias hegen noch Zweifel am Beweis des Sokrates, die Simmias im weiteren Gesprächsverlauf am Beispiel einer Leier, eines in der Antike verbreiteten Saiteninstruments, illustriert:

Simmias: Denn, mein Sokrates, wenn ich das Gesagte bei mir selbst und mit Kebes betrachte, so erscheint es mir gar nicht gründlich genug.
Sokrates: Vielleicht hast du recht, mein Freund; aber sage nur, inwiefern nicht gründlich.
Simmias: Insofern, als man auch von der Harmonie [= Melodie] und der Leier und den Saiten ganz dasselbe sagen könnte, dass nämlich die Harmonie etwas Unsichtbares und Unkörperliches und Wunderschönes und Göttliches ist an der gestimmten Leier, während die Leier selbst und die Saiten Körper sind und körperartige, zusammengesetzte, irdische und dem Sterblichen verwandte Dinge. Wenn nun jemand die Leier zerbricht oder die Saiten zerschneidet oder zerreißt, so könnte man vielleicht mit derselben Schlussfolgerung wie du behaupten wollen, jene Harmonie müsse auf jeden Fall noch vorhanden und könnte nicht untergegangen sein. Denn es sei doch unmöglich, dass, während die Leier auch nach dem Zerreißen der Saiten noch da sei, ebenso wie die vergänglichen Saiten selbst, die dem Göttlichen und Unsterblichen gleichartige und verwandte Harmonie untergegangen sei, und zwar noch vor dem Vergänglichen. Nein, die Harmonie selbst muss unbedingt noch irgendwo sein, und eher werden das Holzwerk und die Saiten verfaulen, ehe die Harmonie zugrunde geht.

Eine Leier spielende Griechin (5. vorchristl. Jh.)

Nun denke ich doch, mein Sokrates, du hast auch selbst schon bedacht, dass wir uns die Seele am besten als so etwas vorstellen, so dass, wenn unser Körper [...] von dem Warmen und Kalten, dem Trockenen und Feuchten und dem diesen Elementen Ähnlichen zusammengehalten wird, unsere Seele die Mischung und Harmonie dieser Stoffe ist, wenn sie gut und im rechten Verhältnis zueinander gemischt sind. Ist nun unsere Seele eine Art Harmonie, so ist ganz klar, dass, wenn unser Körper übermäßig erschlafft oder angespannt wird durch Krankheiten und sonstige Übel, die Seele dann auf jeden Fall sogleich umkommt, mag sie auch dem Göttlichen noch so nahe verwandt sein, ebenso wie alle anderen Harmonien in Tönen und in allen Werken der Künstler, während die Überreste eines jeden Leibes noch lange Zeit erhalten bleiben, bis sie verbrannt werden oder verwesen. Sieh nun zu, was wir erwidern wollen, wenn jemand behauptet, die Seele als eine Mischung alles zum Körper Gehörigen gehe bei dem so genannten Tode zuerst zugrunde.
Sokrates: Simmias, denke ich, zweifelt und fürchtet die Seele, obwohl göttlicher und schöner als der Leib, möchte doch vor ihm untergehen, da sie ihrem Wesen nach eine Harmonie sei. [...] Wie nun weiter? Sagst du nicht, dass von

allem, was am Menschen ist, eben die Seele und nichts anderes es ist, was die Herrschaft führt, insbesondere eine vernünftige?

Simmias: Allerdings.

Sokrates: Indem sie den Zuständen des Körpers nachgibt oder auch ihnen entgegentritt? Ich meine das aber so, dass sie den Körper, wenn Hitze oder Durst in ihm ist, auf die entgegengesetzte Seite zieht, zum Nichttrinken, und bei vorhandenem Hunger zum Nichtessen; und in tausend anderen Dingen sehen wir doch die Seele dem Leiblichen widerstreben. Oder nicht?

Simmias: Allerdings.

Sokrates: Haben wir uns nun nicht im Vorhergehenden dahin geeinigt, dass sie eben als Harmonie niemals im Gegensatz zu den Anspannungen, Abspannungen, Schwingungen und sonstigen Veränderungen ihrer Bestandteile tönt, dass sie vielmehr diesen folgt und wohl niemals sie leitet?

Simmias: Das haben wir festgestellt. Wie sollten wir auch nicht?

Sokrates: Wie nun? Tut sie jetzt nicht ganz offenbar das Gegenteil? Regiert sie nicht alles das, was man als ihre Bestandteile bezeichnet, und widerstrebt sie dem nicht ziemlich in allem das ganze Leben hindurch? Gebietet sie nicht auf alle Weise, indem sie bald härter und auf schmerzhafte Weise züchtigt wie in Sachen der Gymnastik und Heilkunst, bald wieder gelinder, und indem sie den Begierden, dem Zorn und der Furcht bald drohend, bald verweisend entgegentritt und mit ihnen wie mit etwas ganz anderem, als sie selbst ist, Zwiesprache hält? [...] – weil sie nämlich etwas weit Göttlicheres sei, als dass man sie mit einer Harmonie vergleichen könnte? [...]

Also, mein Bester, kommt es uns in keiner Beziehung zu, die Seele für eine Harmonie zu erklären [...]. Ganz sicher also [...] ist die Seele unsterblich und unvergänglich, und in Wahrheit werden unsere Seelen im Hades sein.

Platon *Phaidon*. Nach der Übersetzung von Friedrich Schleiermacher neu durchgesehen. Reclam Verlag: Stuttgart 1984, S. xx–xx [80 a–81 a, 84 e–95 a; 106 d]

7 Erklären Sie die Gegenposition von Simmias und erörtern Sie, ob Sokrates' Widerlegung dieser Position überzeugen kann (vgl. Methode „Philosophisch argumentieren und urteilen", S. 130 f.).
Beziehen Sie hierzu auch die Auffassung des englischen Biologen Thomas Huxley (1825–1895) ein, der das Bewusstsein mit dem von einer Lokomotive abgesonderten Dampf vergleicht.

8 Diskutieren Sie die Überzeugungskraft von Sokrates' Unsterblichkeitsbeweis auf dem Hintergrund der folgenden Gegenpositionen des antiken Philosophen und Dichters Lukrez (96–55 v. Chr.) sowie des deutschen Philosophen Joachim Buhl (1952–1985).

> **DISKUSSION** **Gemeinsames Werden und Vergehen von Körper und Seele?**
>
> Ferner bemerken wir noch, dass, zugleich erzeuget die Seele
> Mit dem Körper, zugleich heranwächst mit ihm und altert.
> Weich und zart ist das Kind, ihm schwanken die Kräfte des Körpers,
> Und mit ihnen der Sinn. Nun reifet das stärkere Alter,
> Und mit diesem zugleich die Überlegung und Denkkraft.
> Hat die gewaltige Zeit zuletzt den Körper zerrüttet,
> Und die Glieder sinken mit stumpf gewordenen Kräften,
> Dann so sinkt auch der Geist, Gedank' und Sprache verirrt sich,
> Jegliche Kraft nimmt ab, zuletzt fällt alles auf einmal.
> Also löset sich auf das gesamte Wesen der Seele,
> Und es zergeht, wie der Rauch in den hohen Lüften zergehet. [...]
> Kommt noch hinzu, dass wir sehen den Körper befallen von Krankheit
> Schrecklicher Art, gedrückt von empfindlichen Schmerzen und Leiden;
> Gleiches bemerken wir auch an der Seele, die Kummer und Furcht drückt:
> Sind nicht beide daher die Genossen ähnlichen Schicksals?

Lukrez
Von der Natur der Dinge. Hrsg. von Walther Killy. Fischer Bücherei: Frankfurt/Main und Hamburg 1960, S. 98 (III, 444–459).

> **DISKUSSION** **„Methode des Pfeifens im Dunkeln"?**
>
> „Ist es etwa nicht absurd, sich Seelen ohne Körper vorzustellen, die wie Menschen sehen, fühlen und denken können sollen, obwohl es für diese Fähigkeiten notwendig ist, einen Körper zu haben? Auch kommt in dieser Haltung kein Mut zum Tod zum Ausdruck, wird doch der Tod als etwas Erstrebenswertes dargestellt. Hier wird das Problem des Todes nicht wirklich in Angriff genommen. Die platonische Einstellung zum eigenen Tod erinnert eher an eine Anwendung der Methode des Pfeifens im Dunkeln."

Joachim Buhl
In: *Glück und Moral.* Reclam: Stuttgart 1985, S. 159

■ Ob ein Leben nach dem Tode wenigstens möglich ist, erörtert im folgenden Text der amerikanische Philosoph Thomas Nagel (geb. 1934). Dabei geht er im Besonderen auf die Voraussetzungen ein, die dazu erfüllt sein müssten.

M 64 Das Leib-Seele-Problem

Die Frage des Lebens nach dem Tode hängt mit dem [...] Leib-Seele-Problem zusammen. Wenn der Dualismus wahr ist und jede Person aus einer Seele und einem mit ihr verbundenen Körper besteht, so lässt sich denken, wie ein Leben
5 nach dem Tode möglich sein könnte. Die Seele müsste bloß allein existieren und auch ohne die Hilfe des Körpers ein inneres Leben haben können: Sie könnte dann den Körper verlassen, wenn dieser stirbt, und würde nicht mit ihm zerstört. Zwar wäre sie nicht in der Lage, ein psychisches Leben des Handelns und der sinnlichen Wahrnehmung zu haben, da dies von ihrer Verbin-
10 dung mit dem Körper abhinge (es sei denn, sie würde mit einem neuen Körper verbunden), doch sie hätte möglicherweise ein Innenleben anderer Art, das vielleicht von anderen Ursachen und Einflüssen abhinge – etwa von direkter Kommunikation mit anderen Seelen.

Ich sage, ein Leben nach dem Tode *könnte* möglich sein, falls der Dualismus wahr wäre. Ebenso könnte es unmöglich sein, da das Überleben der Seele und ihr fortlaufendes Bewusstsein vollständig vom Beistand und der Einwirkung abhinge, die sie vom Körper empfängt, dem sie innewohnt – und es könnte unmöglich sein, dass sie ihren Körper wechselt.

Falls der Dualismus jedoch nicht wahr ist und sich psychische Vorgänge im Gehirn abspielen, also gänzlich vom biologischen Funktionieren des Gehirns und des übrigen Organismus abhängen, so ist ein Leben nach dem Tod des Körpers nicht möglich. Oder genauer formuliert: Ein Leben nach dem Tode würde die Wiederherstellung eines biologischen, körperlichen Lebens erfordern; es würde erfordern, dass der Körper wieder zu leben beginnt. So etwas könnte eines Tages technisch möglich werden. Es könnte möglich werden, jemandes Körper bei seinem Tod einzufrieren, später durch moderne medizinische Verfahren zu reparieren, was an ihm nicht in Ordnung war, und ihn abschließend wiederzubeleben.

Doch selbst wenn dies möglich würde, gäbe es noch das Problem, ob die Person, die mehrere Jahrhunderte später wiederbelebt würde, Sie selbst oder ein anderer wäre. Womöglich würden, falls Sie nach Ihrem Tode eingefroren wurden und Ihr Körper später wiederbelebt wurde, nicht *Sie* aufwachen, sondern bloß eine Ihnen sehr ähnliche Person, die über Ihr Gedächtnis und die Erinnerung Ihres vergangenen Lebens verfügte. Doch auch wenn eine Wiederbelebung desselben Ich im selben Körper nach dem Tode möglich werden sollte, so meint man gewöhnlich nicht dies mit der Rede von einem Leben nach dem Tode. Ein Leben nach dem Tode besagt normalerweise ein Leben ohne unseren alten Körper.

Es ist schwer zu sagen, wie man entscheiden können soll, ob wir solche ablösbaren Seelen besitzen. Sämtliche Daten zeigen, dass das bewusste Leben vor dem Tod gänzlich davon abhängt, was im Nervensystem vorgeht. Halten wir uns lediglich an die Beobachtung, und nicht an religiöse Lehren oder an spiritualistische Versicherungen, mit den Toten zu kommunizieren, so gibt es keinen Grund, an ein späteres Leben zu glauben. Reicht dies jedoch als Grund aus für den Glauben, dass es *kein* Leben nach dem Tod gibt? Ich denke schon, doch andere mögen es vorziehen, sich hier der Meinung zu enthalten.

Dualismus: Auffassung, nach der Körper und Geist bzw. Seele zwei prinzipiell unterschiedliche Wesenheiten sind, die grundsätzlich auch unabhängig voneinander existieren können. Als Begründer einer dualistischen Menschenauffassung gilt neben Platon der neuzeitliche Philosoph René Descartes (vgl. Glossar).

Thomas Nagel
Was bedeutet das alles? Eine ganz kurze Einführung in die Philosophie. Stuttgart: Reclam 1990, S. 75 f.

---

9 Warum ist es so schwer, eindeutige und allgemein gültige Erkenntnisse über ein Leben nach dem Tod bzw. ein Weiterleben der Seele zu erlangen?

10 Sammeln Sie andere metaphysische Fragen, die ähnliche Schwierigkeiten enthalten.

5.3.2 Sind metaphysische Fragen beantwortbar?

■ In seinem Hauptwerk „Kritik der reinen Vernunft" (1781/1787) weist Immanuel Kant auf, dass wir auf keine Art des Gebrauches unserer Vernunft „von der Beschaffenheit unserer Seele, die die Möglichkeit ihrer abgesonderten Existenz überhaupt betrifft, irgend etwas erkennen können." (KrV, B 420) Wir können also Endgültiges und Sicheres weder über die Weiterexistenz der Seele nach dem Tode noch über ihre Nicht-Existenz erkennen. Metaphysische Fragen seien für den Menschen letztlich unbeantwortbar, und wer hier meint, sichere Beweise führen zu können, produziere nur ein Scheinwissen: Kant schreibt „Ich musste also das [scheinbare] Wissen aufheben, um zum Glauben Platz zu bekommen." (KrV, B XXX) Dennoch verweist er auf die Unabweisbarkeit metaphysischer Fragen.

„Nicht die Wahrheit, in deren Besitz irgend ein Mensch ist oder zu sein vermeinet, sondern die aufrichtige Mühe, die er angewandt hat, hinter die Wahrheit zu kommen, macht den Wert des Menschen. Denn nicht durch den Besitz, sondern durch die Nachforschung der Wahrheit erweitern sich seine Kräfte, worin allein seine immer wachsende Vollkommenheit besteht. Der Besitz macht ruhig, träge, stolz – Wenn Gott in seiner Rechten alle Wahrheit und in seiner Linken den einzigen immer regen Trieb nach Wahrheit, obschon mit dem Zusatze, mich immer und ewig zu irren, verschlossen hielte und spräche zu mir: Wähle! Ich fiele ihm mit Demut in seine Linke und sagte: Vater gib! Die reine Wahrheit ist ja doch nur für dich allein!"
G. E. Lessing *Eine Duplik* (1779). In: *Gotthold Ephraim Lessings Schriften*. Hrsg. von Karl Lachmann. Bd. 13. Leipzig: 1897, S. 23 f.

M 65 Die menschliche Vernunft hat das besondere Schicksal in einer Gattung ihrer Erkenntnisse: dass sie durch Fragen belästigt wird, die sie
5 nicht abweisen kann, denn sie sind ihr durch die Natur der Vernunft selbst aufgegeben, die sie aber auch nicht beantworten kann, denn sie übersteigen alles Vermögen der
10 menschlichen Vernunft. In diese Verlegenheit gerät sie ohne ihre Schuld. Sie fängt von Grundsätzen an, deren Gebrauch im Laufe der Erfahrung unvermeidlich und zu-
15 gleich durch diese hinreichend bewährt ist. Mit diesen steigt sie (wie es auch ihre Natur mit sich bringt) immer höher, zu entfernteren Bedingungen. Da sie aber gewahr
20 wird, dass auf diese Art ihr Geschäft jederzeit unvollendet bleiben müsse, weil die Fragen niemals aufhören, so sieht sie sich genötigt, zu Grundsätzen ihre Zuflucht zu nehmen, die allen möglichen Erfahrungsgebrauch überschreiten und gleichwohl so unver-
25 dächtig scheinen, dass auch die gemeine Menschenvernunft damit im Einverständnisse steht. Dadurch aber stürzt sie sich in Dunkelheit und Widersprüche, aus welchen sie zwar abnehmen kann, dass irgendwo verborgene Irrtümer zum Grunde liegen müssen, die sie aber nicht entdecken kann, weil die Grundsätze, deren sie sich bedient, da sie über die Grenze aller Erfahrung hinaus-
30 gehen, keinen Probierstein der Erfahrung mehr anerkennen. Der Kampfplatz dieser endlosen Streitigkeiten heißt nun *Metaphysik*.

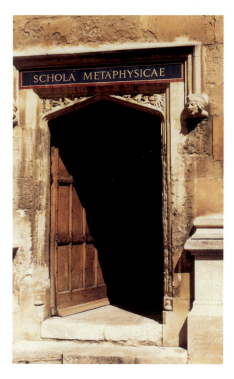

„Schola Metaphysicae": Inschrift über dem Eingang zur Mensa des Oxford College

Immanuel Kant *Kritik der reinen Vernunft. Vorrede.* Hrsg. von Raymund Schmidt. Meiner Verlag: Hamburg 1956, S. 5 (A VII f.)

1 Versuchen Sie Kants Erklärung metaphysischer Irrtümer an Platons Unsterblichkeitsbeweisen zu konkretisieren: Inwieweit werden dort über die Erfahrung hinausgehende Grundsätze verwendet?

2 Erörtern Sie im Anschluss an Kants und Lessings Äußerungen, ob sich die Beschäftigung mit metaphysischen Fragen für den Menschen lohnen kann.

ZUSAMMENFASSUNG

▶ Die Frage nach der Unsterblichkeit der menschlichen Seele ist eine der Hauptfragen der Metaphysik – einer philosophischen Disziplin, die sich mit dem beschäftigt, was hinter den sinnlich erfahrbaren Dingen liegt. Aus wissenschaftlicher Sicht ist diese Frage nicht lösbar. Dies zeigen beispielhaft die sog. Sterbeerlebnisse. Vorliegende Berichte von ehemals klinisch Toten bestätigen zwar auf den ersten Blick die Annahme einer den Tod überlebenden Seele; sie können aber mit Hilfe der Wissenschaft auch ganz natürlich erklärt werden, so dass man ihnen keine objektive Beweiskraft für ein Leben nach Tod zusprechen kann.

▶ Religiöse Jenseitsvorstellungen sind zwar gewissermaßen objektiver als die stets subjektiven Sterbeerlebnisse, weil sie sich in den Religionen fast aller Völker der Erde finden. Die Kritik vieler Religionsphilosophen und Psychologen zeigt aber, dass sie ihre Wurzeln zumindest zu einem Teil in den Wünschen der Menschen haben bzw. als Illusionen eingeschätzt werden können. Insofern geben auch die religiösen Vorstellungen keine Beweise für ein Überleben des Todes.

▶ In der Philosophie ist schon seit der Antike versucht worden, mit den Mitteln begrifflicher Argumentation die Unsterblichkeit der menschlichen Seele und ihre Ablösbarkeit vom Körper zu beweisen. Die Beweise Sokrates' bzw. Platons sind dabei so grundlegend, dass sie unser Denken bis heute beeinflussen. Aber auch hier zeigt eine kritische Prüfung, dass sie auf Voraussetzungen beruhen, wie etwa der prinzipiellen Trennung zwischen einer körperlichen und einer geistigen Welt, die man nicht ohne weiteres teilen muss.

▶ Somit wird an der Frage nach dem ewigen Leben deutlich, dass – wie Kant aufzeigt – wir Menschen als Vernunftwesen zwar stets metaphysische Fragen stellen (müssen), dass aber deren Beantwortung die Grenzen der menschlichen Vernunft überschreitet. Das schafft Raum für Glauben und Religion. Dabei kann das Philosophieren über metaphysische Fragen helfen, die Religion vor Blindheit zu schützen und sie mit der Vernunft in Einklang zu bringen.

MEDIENTIPPS

Literaturhinweise

Uwe Herrmann *Zwischen Hölle und Paradies. Todes- und Jenseitsvorstellungen in den Weltreligionen.*
GTB: Gütersloh 2003

Hubert Knoblauch *Berichte aus dem Jenseits. Mythos und Realität der Nahtoderfahrungen.*
Herder: Freiburg 2002

Hans Küng *Ewiges Leben?*
Piper: München 2007

Bernhard Lang *Himmel und Hölle. Jenseitsglauben von der Antike bis heute.*
C. H. Beck: München 2009

Raymond A. Moody *Leben nach dem Tod. Die Erforschung einer unerklärlichen Erfahrung.*
Dt. von H. Gieselbusch, L. Mietzner und Th. Schmidt.
Rowohlt: Reinbek 2001

Thomas Nagel *Was bedeutet das alles? Eine ganz kurze Einführung in die Philosophie.* Übers. v. M. Gebauer.
Reclam: Stuttgart 1990 und Ditzingen 2008 (besonders Kap. 9)

Platon *Phaidon oder von der Unsterblichkeit der Seele.*
Nach der Übersetzung von Friedrich Schleiermacher neu durchgesehen.
Reclam: Stuttgart 1984

Janwillem van de Wetering *Der leere Spiegel. Erfahrungen in einem japanischen Zen-Kloster.*
Rowohlt: Reinbek 1981

Héctor Wittwer *Philosophie des Todes. Grundwissen Philosophie.*
Reclam: Ditzingen 2009

Fantasiefilm/Thriller

Flatliners. Heute ist ein schöner Tag zum Sterben. USA 1990.
Regie: **Joel Schumacher**.
Drehbuch: **Peter Filardi** (111 Minuten)

Filmdrama

Hinter dem Horizont. USA 1998.
Regie: **Vincent Ward**.
Drehbuch: **Ronald Bass** nach dem Roman von **Richard Matheson**
(113 Minuten)

Road Movie

Knockin' On Heavens' Door. BRD 1997.
Regie: **Thomas Jahn**. Drehbuch:
Thomas Jahn und **Til Schweiger**
(86 Minuten)

Glossar

Aufklärung geistesgeschichtliche Epoche des 17./18. Jahrhunderts, in der gefordert wird, dass die Vernunft als letzter Maßstab über die Wahrheit von Erkenntnissen sowie über die Geltung von Normen des menschlichen Zusammenlebens entscheide. Leitziel der Aufklärung ist „der Ausgang des Menschen aus seiner selbst verschuldeten Unmündigkeit" (Kant), womit die Aufklärung sich gegen alle Traditionen und Konventionen wendet, die nicht vernünftig begründet werden können. In einem weiteren Sinn versteht man unter Aufklärung jedes individuelle oder gesellschaftliche Bemühen um selbstständige und vernunftgeleitete Lebensführung.

Dualismus das Nebeneinander zweier unterschiedlicher, nicht zur Einheit zusammenführbarer Zustände, Prinzipien oder Denkweisen. Ein zentrales philosophisches Thema ist der Leib-Seele-Dualismus: Insoweit Philosophie und Christentum in der Tradition Platons von einer nicht materiellen Seele (altgriech.: psyche) als Merkmal des Menschen ausgehen, stellt sich die Frage, wie diese mit einem materiellen Körper so verbunden sein kann, dass beide aufeinander einwirken können.

Empirismus siehe Erkenntnistheorie

Erkenntnistheorie philosophische Disziplin, die sich die Frage stellt, ob und wie Menschen zu sicherem Wissen gelangen können. Eine zentrale Frage der Erkenntnistheorie ist, was man im Gegensatz zu „Meinen" und „Glauben" überhaupt unter „Wissen" verstehen soll. Untersucht wird, welche Fähigkeiten des erkennenden Menschen sicheres Wissen erzeugen können.
Die Frage führt zu zwei gegensätzlichen erkenntnistheoretischen Positionen: dem Empirismus und dem Rationalismus. Unter Empirismus versteht man eine erkenntnistheoretische Strömung, für die alle Erkenntnisse aus der Erfahrung (altgriech.: empeiria) kommen. Gemäßigte empiristische Strömungen gehen davon aus, dass die Erkenntnis zwar von der äußeren Wahrnehmung ausgeht, dann aber durch die Vernunft verarbeitet wird. Im Gegensatz dazu sieht der Rationalismus den Ursprung wahrer Erkenntnisse in der Vernunft (lat.: ratio) als einem selbstständigen, von äußeren Einflüssen unabhängigen Erkenntnisorgan.

Ethik eine philosophische Disziplin, die versucht die Frage „Was soll ich tun?" (Kant) mithilfe der Vernunft zu beantworten, indem sie fragt, an welchen Normen und Zielen die Menschen ihr Handeln orientieren sollen. Gegenstand der Ethik (altgriech.: ta ethika: Sittenlehre) ist die Moral. Moral umfasst die Sitten und Gewohnheiten eines Menschen oder einer Gesellschaft. Sie ist der Inbegriff der Vorstellungen, nach denen wir uns in unserem Handeln richten. Die Ethik untersucht diese Vorstellungen daraufhin, ob sie überzeugend begründet sind. Daher wird für die Ethik auch der Begriff der Moralphilosophie verwendet.
Ein zentrales Problem der Ethik ist die Vielzahl von ganz unterschiedlichen kultur- und zeitabhängigen Moralvorstellungen. Das führt zu der Frage, ob es übergeordnete, für alle Menschen gültige Handlungsprinzipien gibt, die der Kulturrelativismus verneint.

Bei der Begründung der moralischen Normen unterscheidet man zwei Ansätze: Teleologische Ethiken (griech.: telos: Ziel, Zweck) wie der Utilitarismus orientieren sich bei der moralischen Bewertung einer Handlung daran, ob deren Folgen gut sind; für deontologische (griech.: to deon: Pflicht) Ansätze ist entscheidend, ob die jeweilige Handlung mit bestimmten moralischen Prinzipien übereinstimmt, unabhängig von ihren Folgen.

Konstruktivismus Auffassung, die davon ausgeht, dass jeder Einzelne sich sein Wissen von der Welt individuell zusammenbaut – konstruiert. Welches der individuellen Weltbilder richtig ist, lässt sich nicht entscheiden, allenfalls lässt sich sagen, dass ein Wissen sich bewährt oder funktioniert. Der Konstruktivismus gibt damit den Anspruch auf objektive Erkenntnis der Welt und Wahrheit auf.

Kulturrelativismus ethische Position, die aus dem Vorhandensein unterschiedlicher Moralsysteme schließt, es gebe keine allgemein gültige moralische Norm. Jedes Moralsystem rechtfertigt sich nach dem Kulturrelativismus aus seiner eigenen Kultur und gilt jeweils (nur) in ihr.

Logos siehe Mythos

Menschenrechte Die Menschenrechte werden in der westlichen Denktradition als Ausdruck des Naturrechts (Recht) und damit als universal gültig aufgefasst. Man unterscheidet die Menschenrechte im engeren Sinne, die jedem Menschen zustehen und zu denen die Schutz-, Freiheits- und Gleichheitsrechte gehören (z. B. das Recht auf körperliche Unversehrtheit oder auf Meinungsfreiheit), die Bürgerrechte, d. h. die politischen Mitwirkungsrechte der Staatsbürger (z. B. das Wahlrecht), und die sozialen Menschenrechte (z. B. das Recht auf Arbeit). Die Menschenrechte sind in vielen internationalen Abkommen und Erklärungen enthalten (z. B. in der Menschenrechtserklärung der Vereinten Nationen von 1949); wenn sie zu positivem, d. h. in einem Staat gültigen Recht (Recht) werden – wie im Grundgesetz der Bundesrepublik Deutschland – spricht man von Grundrechten.

Menschenwürde Die Menschenwürde als das Grundmerkmal des Menschen, das ihn von einer Sache oder einem Tier unterscheidet, bedeutet, dass über ihn nicht wie über eine Sache verfügt werden darf. Der Schutz der Menschenwürde ist oberstes Verfassungsprinzip im Grundgesetz der Bundesrepublik Deutschland ebenso wie in anderen Rechtsstaaten und wird in den einzelnen Grundrechten konkretisiert. In der christlichen Tradition wird die Würde des Menschen mit seiner Gottesebenbildlichkeit begründet, in der Aufklärungstradition seit Kant in seiner Fähigkeit zur moralischen Selbstbestimmung.

Metaphysik ursprüngliche Bezeichnung der Werke des Aristoteles, die nach der Physik (altgriech.: meta: nach, über; physis: Natur) standen. Von Aristoteles wurde die Metaphysik als „Wissenschaft von den ersten Prinzipien und Ursachen" bezeichnet, weshalb sie später auch „Erste Philosophie" genannt wurde. Als solche galt sie als Lehre von dem, was hinter der Natur liegt, allgemeiner auch als die philosophische Disziplin, die über das nicht in der Erfahrung Liegende wahre Erkenntnisse sucht.

In der Aufklärung wird systematisch unterschieden zwischen einer allgemeinen und einer speziellen Metaphysik, deren Disziplinen die Lehre von der Welt (Kosmologie), der menschlichen Seele (Psychologie) und Gott (natürliche Theologie) sind. Kants Kritik an den vermeintlichen Gewissheiten der Metaphysik zeigt auf, dass diese (ewigen) Fragen nach Freiheit, Unsterblichkeit und Gott für die menschliche Vernunft nicht mit Gewissheit zu beantworten sind.

Moral siehe Ethik

Mythos Form des erzählenden und bildhaften Sprechens (griech.: mythos: Rede, Erzählung) über die Entstehung der Welt und des Menschen. Die konkrete, sinnliche Sprache des Mythos steht im Gegensatz zur begrifflichen, logisch begründbaren und wissenschaftlichen Sprache des Logos (griech: logos: Wort, Lehre, Vernunft).

Naturwissenschaft(en) Erfahrungswissenschaften, die sich auf experimentellem Wege und mittels quantitativer Methoden (z. B. dem Messen) mit der Erforschung der Natur und deren Gesetzen befassen.

Philosophie (griech.: philos: Freund; sophia: Weisheit) Im Gegensatz zu anderen Wissenschaften, z. B. den Naturwissenschaften, lässt sich für die Philosophie kein klar umrissener Gegenstandsbereich angeben. Philosophieren kann man grundsätzlich über alles. Das Staunen über das scheinbar Selbstverständliche steht dabei am Anfang allen Philosophierens. Während die Wissenschaften in der Regel von nicht weiter hinterfragten Voraussetzungen ausgehen, macht die Philosophie vor keiner Voraussetzung halt, stellt die eigenen Voraussetzungen in Frage und versucht sie zu begründen. Methodische Kennzeichen des Philosophierens sind das vorurteilsfreie Beschreiben, die logische Analyse und die begriffliche Argumentation. Die Fragestellungen der Philosophie kann man den vier Kantischen Fragen „Was kann ich wissen?", „Was soll ich tun?", „Was darf ich hoffen?" und „Was ist der Mensch?" zuordnen.

Rationalismus siehe Erkenntnistheorie

Recht Mit „Recht" im objektiven Sinn (engl. law) bezeichnet man die Gesamtheit aller gesetzlich festgeschriebenen Normen, die in einem bestimmten Bereich das Zusammenleben der Menschen regeln und vom Staat durchgesetzt werden, im Unterschied zum Recht im subjektiven Sinn (engl. right), das einen Anspruch auf etwas meint – z. B. das „Recht auf Meinungsfreiheit". Weiter unterscheidet man zwischen dem positiven Recht, der Gesamtheit der in einem Staat geltenden Gesetze, und dem Naturrecht, das als Maßstab für die Gerechtigkeit des positiven Rechts verstanden wird. Ausdruck des Naturrechts sind die Menschenrechte.

Rechtsstaat ein Staat, in dem Freiheit und Rechtssicherheit durch die Verfassung für jeden Einzelnen garantiert werden, indem sich der Staat der Kontrolle unabhängiger Richter unterwirft. Die staatliche Macht ist also zugunsten der individuellen Freiheitsrechte seiner Bürger und der Menschenwürde eingeschränkt. Garantiert werden die Freiheitsrechte durch die in der Verfassung des Staates festgeschriebenen Grundrechte, z. B. durch die Artikel 1 bis 19 des Grundgesetzes für die Bundesrepublik Deutschland.

Religion(en) (lat.: religare: Getrenntes wieder verbinden) kulturabhängige Form der Vorstellung von etwas Heiligem, welches das Weltliche übersteigt, aber in ihm gegenwärtig sein kann. Mit dieser Vorstellung erklären sich Menschen – als Gruppe, Gesellschaft oder Einzelne – ihre als unvollkommen erfahrene Existenz und versuchen sie im Hinblick auf ein Ideal zu überwinden. Dieses Ideal ist ein Gegenstand des Glaubens und zeigt sich in unterschiedlichen Formen: entweder als Vielheit von Göttern (Polytheismus), in Form eines Gottes (Monotheismus) oder auch in unpersönlicher Form (Nirwana).

Seele im alltäglichen Sprachgebrauch Ausdruck für alle inneren, nicht körperlichen Regungen. Alte Bezeichnungen für Seele wie „psyche" (altgriech.), „anima" (lat.) oder „atman" (indisch) verweisen auf die ursprüngliche Bedeutung als Hauch oder Atem und damit auf einen feinen materiellen Stoff als Zeichen des Lebendigen. In der Philosophie Platons wird die Seele als nicht körperliches Lebensprinzip bestimmt, die im Körper als ihrem Gefängnis nur vorübergehend wohnt. Diese Tradition wird in der Neuzeit durch Descartes gefestigt, der i.S. des Christentums nur dem Menschen eine Seele zugesteht. Heute ist diese Auffassung durch die Ergebnisse der modernen Hirnforschung, denen zufolge seelische Zustände stets von körperlichen abhängig sind, ins Wanken geraten (vgl. Dualismus).

Personenregister

(Namen, die nur in Quellentexten genannt werden, sind nicht erfasst)

A
Aladag, Feo 74
Anaximandros 21 f., 27
Aristoteles 9, 19 f., 140

B
Bachmeier, Marianne 77–80
Badinter, Robert 96
Baer, Karl Ernst von 38
Bass, Ronald 138
Beccaria, Marchese Cesare di 94 f.
Becker, Jurek 74
Bok, Sissela 53, 68, 70 f.
Bosch, Hieronymus 106
Bossi, Rolf 93
Buddha (Gautama, Siddharta) 116–118, 120, 122
Buhl, Joachim 133 f.

C
Camus, Albert 90 f., 92, 97–100
Cicero 109, 115, 123
Çileli, Serap 74
Conze, Edward 121

D
David, Jacques Louis 127
Demokrit 22 f., 27
Descartes 29, 33, 50–52, 142
Devlin, Lucinda 98
Dietz, Simone 74
Dirie, Waris 58, 74
Ditfurth, Hoimar von 29, 40, 42, 46

E
Erlinger, Rainer 74
Escher, Maurits Cornelis 30, 48 f.
Etzel, Hermann 93 f.

F
Feuerbach, Ludwig 115 f.
Feyerabend, Paul 53, 59–61
Fichte, Johann Gottlieb 96
Filardi, Peter 138
Fink, Gerhard 128
Freese, Hans-Ludwig 38
Freud, Sigmund 123
Fromm, Erich 123

G
Gaarder, Jostein 11 f., 28, 49
Gautama, Siddharta (Buddha) 116, 118, 120, 122
Goethe, Johann Wolfgang von 22
Glasersfeld, Ernst von 46 f.
Grabowski, Klaus 77, 79 f.
Gudermuth, Kerstin 65
Gustavson, Erik 28

H
Hampe, Johann Christoph 106
Hassemer, Winfried 83 f., 87 f.
Hegel, Georg Wilhelm Friedrich 82 f., 95–98
Heraklit von Ephesos 22, 27
Herrmann, Uwe 138
Herskovits, Melville J. 58 f.
Herzinger, Richard 53, 62 f.
Hesiod 13–16
Hippokrates 70 f.
Horaz 23
Hormann, Sherry 74
Huisman, Denis 128
Huxley, Thomas 133

J
Jahn, Thomas 138
Jesus (von Nazareth) 127

K
Kaléko, Mascha 103
Kant, Immanuel 8, 53, 67, 70, 81–83, 95–98, 136 f., 139–141
Kekilli, Sibel 74
Knoblauch, Hubert 106, 138
Küng, Hans 112 f., 138
Küppers, Harald 37

L
Lang, Bernhard 138
Lennertz, Michael 55
Lessing, Gotthold Ephraim 136 f.
Linke, Detlev 107 f.
Ludwig, Ralf 128
Lumet, Sidney 100
Lukrez 133 f.

M
Martens, Ekkehard 74
Matheson, Richard 138
Mittermeier, Marcus 100
Moody, Raymond A. 105, 138
Mueller, Conrad G. 37

N
Nagel, Thomas 8, 25, 28, 52, 103, 134 f., 138
Nair, Mira 74

O
Osborne, Richard 28

P
Pascal, Blaise 75, 101
Patzig, Günther 83
Paulus (von Tarsus) 110 f.
Pieper, Hans Joachim 94
Platon 101, 124 f., 127, 129–131, 133, 137 f., 139, 142
Prejean, Helen 96, 100

R
Rilke, Rainer Maria 103
Robbins, Tim 96, 100
Rudolph, Mae 37
Russell, Bertrand 29, 42–46

S
Sacks, Oliver 52
Sartre, Jean-Paul 92
Scheffler, Uwe 81
Schimmel, Annemarie 114 f.
Schumacher, Joel 138
Schopenhauer, Arthur 121 f.
Schweiger, Til 138
Schweer, Thomas 120
Seneca 19
Sen, Sibel 98
Simplicius 21, 23
Soentken, Jens 28
Sokrates 124, 125, 126–129, 132 f., 137
Spaemann, Robert 53, 62 f., 74

T
Thales von Milet 19–22, 27
Thurn und Taxis, Fürstin Gloria von 65
Tugendhat, Ernst 74

V
Vernant, Jean-Pierre 15 f., 28

W
Ward, Vincent 138
Watzlawick, Paul 34, 46 f., 52
Weber, Max 24
Weischedel, Wilhelm 20 f., 28, 81, 95
Wetering, Janwillem van de 138
Willmann, Urs 106
Wittwer, Héctor 138
Wolff, Christian 53, 67

X
Xenophanes von Kolophon 17 f.

Auflösung von S. 48:

Spezielle Objekte sehen unter einem bestimmten Blickwinkel so aus wie unmögliche Dreicke.

Bildquellen

Titelbild Artothek (Foto: J. Pietsch) | **9** re. u.: **10** akg-images | **14** Hubblesite.org | **15** ullstein bild – Imagesbroker.net | **18** li.: picture-alliance/akg-images; re. o.: picture-alliance/akg-images (Erich Lessing); Mi. li und Mi. re.: akg-images | **24** u.: Piper Verlag GmbH | **25** Philipp Reclam jun. Verlag, Ditzingen | **30** © 1995 M. C. Escher/Cordon Art, Baarn | **32** li.: http://ghshauseniw.de/; re.: wordpress.com | **33** o. li.: Yeinjee.com; Mi. li.: ghshauseniw.de; Mi. re.: © Patrick Wagner | **35** li. u. re.: ghshauseniw.de; Mi.: wikipedia.org | **36** Archiv Cornelsen Verlag | **38** wordpress.com | **43** www.gallerym.com | **48** o.: aus: Chas Addams, Schwarze Scherze, Rowohlt: Reinbek 1977; u.: www.roz.at | **50** www.loderer.at | **53** li.: Kinofilm-Trailer; re.: ullstein bild – Hartmann | **54** © eyevine/Picture Press | **56** Sipa Press, Paris | **58** o.: Kinofilm-Trailer; u.: picture-alliance/akg-images | **59** akg-images | **64** ullstein bild – Hartmann | **65** picture-alliance/KPA | **66** strange cosmos | **75** o. li.: CINETEXT; u. li.: akg-images; re.: picture-alliance/dpa/© dpa | **76** picture-alliance/dpa/© dpa (Montage) | **77** CINETEXT | **79** o.: SZ Photo | **83** AP Images | **86** bpk | **88** picture-alliance/dpa/© dpa | **90** akg-images | **92** © wikimedia.org; u.: quotationsbook.com | **96** picture-alliance/KPA | **98** www.m-bochum.de | **101** o. li.: Cliché Bibliothèque nationale de France, Paris; u. li.: bpk; o. re.: Artothek; Mi. re.: Lotos-Film, Kaufbeuren; u.: Roland W. Henke, Bonn | **102** Städtisches Museum Rosenheim/Stefan Trux | **105** action press (Katja Zimmermann) | **106** Artothek | **107/108** aus: Enzyklopädie der Philosophie. © Gruppo Editoriale Fabbri Bompiani Sonzogno Etas S. p. A., S. 101 u. 299 | **109** u. **110** akg-images/Erich Lessing | **112** akg-images | **114** Cliché Bibliothèque nationale de France, Paris | **119** © Thames & Hudson, London/Foto: Martin Brauen | **120** bpk | **121** akg-images | **125** Lotos-Film, Kaufbeuren | **127** akg-images | **132** akg-images/Erich Lessing | **136** Roland W. Henke, Bonn | **144** www.mathematikausstellung.de

Illustrationen

Klaus Becker, Frankfurt/Main (31, 33 u.);
Hans Wunderlich, Berlin (9 li., 12, 19, 20, 23, 24, 29, 33 o. re., 40, 41, 49, 53 u. re., 70, 71, 79)

Nicht in allen Fällen war es uns möglich, die Rechteinhaber der Abbildungen ausfindig zu machen. Für eventuell entstandene Fehler oder Auslassungen bitten wir um Verständnis. Berechtigte Ansprüche werden selbstverständlich im Rahmen der üblichen Vereinbarungen abgegolten.